D1719387

Krempien · 50 Bildnerische Techniken

Christiane Krempien

50 Bildnerische Techniken

Ein Aktionsbuch für Kindergarten, Schule und Familie

Herausgegeben von Peter Thiesen

Beltz Verlag · Weinheim und Basel

Neuausgestattete Sonderausgabe 1994 des Titels
»Krempien/Thiesen (Hrsg.): 50 Bildnerische Techniken.
Ein Arbeitsbuch für Kindergarten, Hort und Grundschule.«
Beltz Verlag, Reihe Beltz Praxis, ISBN 3-407-62142-6

Die Deutsche Bibliothek – CIP-Einheitsaufnahme

Krempien, Christiane:
50 bildnerische Techniken : ein Aktionsbuch für Kindergarten, Schule und Familie /
Hrsg. von Peter Thiesen. – Neuausgestattete Sonderausg. – Weinheim ; Basel : Beltz, 1994
  (Sonderedition Kindergarten)
  ISBN 3-407-21003-5
NE: Krempien, Christiane: Fünfzig bildnerische Techniken

Lektorat: Richard Grübling

© 1994 Beltz Verlag · Weinheim und Basel
Herstellung: Klaus Kaltenberg
Druck: Druckhaus Beltz, Hemsbach
Umschlaggestaltung: Atelier Adolf Bachmann, Reischach
Umschlagbild: Andreas Bachmann, Reischach
Printed in Germany

ISBN 3-407-21003-5

Inhaltsverzeichnis

Vorwort des Herausgebers

Für fast jedes Kind bedeutet eigenschöpferisches Gestalten, mit der Umwelt in lebendigen Kontakt zu treten. Zum einen, um Gedanken und Empfindungen sichtbar zu machen oder Unverstandenes auf eigenen Wegen zu ergründen, zum anderen, um mit den Ergebnissen seiner Tätigkeit die Anerkennung der Umwelt zu finden.

Kinder erlangen beim Spiel und Experimentieren mit bildnerischen Gestaltungsmitteln eine eigene Autonomie, zu der wir als Erwachsene oft nicht mehr in der Lage sind.

Christiane Krempien geht einfühlsam auf die verschiedenen Aspekte kindlichen Gestaltens ein. Sie bietet mit diesem Buch eine Fülle kindgerechter, praktischer und alltagserprobter Überlegungen und regt Erzieherinnen wie Grundschullehrerinnen an, ästhetische Erziehung im Detail zu bedenken, also auch die Kleinigkeiten, die eine schöpferische Atmosphäre ebenso entscheidend beeinflussen, wie didaktisch-methodische Grundsätze.

Die Autorin zeigt anschaulich, daß eine positive Beeinflussung kindlicher Kreativität besonders dann stattfindet, wenn das Kind über das Beherrschen einer Technik und das Handhaben von dazugehörigen Hilfsmitteln hinaus, dahin gelangt, mit Farben, Formen und Materialien zu phantasieren, zu experimentieren und Vorgefundenes zu variieren.

Das vorliegende Buch orientiert sich am Praxisbedarf von Kindergarten, Hort und Grundschule. Es wird den Informationswünschen und dem Zeitbudget angehender und berufstätiger Pädagoginnen gerecht, die sich rasch, konkret und umfassend über praktische Gestaltungsmöglichkeiten im bildnerischen Bereich mit Kindern informieren wollen. Das Buch läßt der einzelnen Pädagogin genügend Freiraum für den individuellen Einsatz der aufgeführten Gestaltungstechniken und bietet ihr gleichzeitig viele Anregungen, die es ihr erlauben, die Phantasie und Gestaltungskraft der Kinder zu entwickeln und dabei Einblicke in ihre innere Welt zu erhalten.

Peter Thiesen

Einleitung

Bildnerisches Gestalten als Teil der ästhetischen Erziehung setzt Wahrnehmung voraus, es entstehen persönliche Bilder in uns, die in Kreativität ihren Ausdruck finden möchten. In jedem von uns schlummert Kreativität, die ungeduldig darauf wartet, daß wir sie wecken, wiederentdecken oder weiterentwickeln. Das ist der springende Punkt, die Idee und mit ihr die Motivation zum Handeln. Daran entzünden sich viele weitere Ideen zu einem wahren Feuerwerk, in das wir die Kinder mit einbeziehen. Das Buch möchte Anstöße dazu geben. Es wendet sich an alle, die offen sind für kreative Ideen oder es werden wollen, die Freude haben, neue Anregungen in die Praxis mit Kindern umzusetzen. Es möchte Sie als Pädagogin in Kindergarten, Hort oder Grundschule ermuntern, ganz selbstverständlich bei vielerlei Anlässen im Tagesablauf mit Kindern bildnerisch zu gestalten. Der theoretische Teil des Buches will Erzieherinnen und Lehrerinnen in Ausbildung und Praxis die Bedeutung des bildnerischen Gestaltens für die Entwicklung des Kindes bewußt machen. Eine kurze Übersicht zur Entwicklung der Kinderzeichnung soll helfen, daß die Pädagogin die Bildsprache der Kinder besser verstehen lernt, Ausdrucksmöglichkeiten fördert und Kindern Freiräume zur Darstellung gewährt. Das Buch versteht sich besonders als Arbeitshilfe für die Planung und Durchführung von gemeinsamen spielerischen Angeboten im bildnerischen Bereich. Durch Text und Übersichtstabellen erhält die Erzieherin/Lehrerin sowohl Fachinformationen über Gestaltungsformen, Themen und Techniken als auch über das systematische Vorgehen im didaktisch-methodischen Bereich. Der umfangreiche Praxisteil vermittelt schnell alle wichtigen Kenntnisse zum Erarbeiten einer neuen Gestaltungstechnik. Interessante Materialien, spielerische Ansätze und Impulse sollen dazu führen, daß sich Kinder unter Anleitung der Pädagogin erfindungsreich ausleben können. Zur Unterstützung gibt das Buch Ihnen Anregungen, wie Sie mit den entstandenen Kinderbildern umgehen können, damit die Produkte Teil des täglichen Zusammenlebens mit den Kindern werden.

Das Buch entstand in der praktischen Arbeit mit Schülerinnen und Schülern einer Fachschule für Sozialpädagogik. Die im zweiten Teil gesammelten Übersichten haben sich bereits in vielerlei Institutionen in der Praxis mit Kindern bewährt. Das Buch möchte Erzieherinnen und Lehrerinnen anregen, Kinder nicht nur zu wissenden, technikorientierten Menschen zu erziehen, sondern mit ihnen auch die empfindsame und spielerische Seite des Lebens zu erobern.

Christiane Krempien

I

Theoretischer Teil

Bedeutung, Ziele und Aufgaben des bildnerischen Gestaltens in Kindergarten, Hort und Grundschule

Was wäre die Welt ohne Bilder? Wäre sie nicht grau und trostlos? Die Welt ist ein großes Bilderbuch, in dem wir im Laufe unserer Entwicklung lesen lernen. Ein Buch mit farbigen Bildern liest sich leichter. Also bewahren wir seine Farbigkeit und bringen den Kindern bei, darin zu lesen. Mit welchem Verständnis, wie intensiv sie die Bilder wahrnehmen, hängt davon ab, welche Hilfen wir Erwachsenen ihnen geben. Wir alle genießen die Tage mit Sonnenschein, mit Licht, das uns die Welt in leuchtenden Farben und vielfältigen Formen zeigt. Mit unseren Augen nehmen wir das Licht wahr. Wie die erhaltenen Informationen aber verwertet werden, entscheidet unser Gehirn; das denkende Bewußtsein lenkt die Wahrnehmung in seine geistigen und seelischen Bezirke. Licht und Farbe gehören zusammen, denn ohne Licht würden wir weder Farben noch Formen erkennen. Beim Begriff Sonne entsteht in uns allen ein Bild, aber nicht nur die runde, gelbe Kugel, sondern jeder sieht ein anderes Bild von Sonnentagen, von erlebter Wärme und Lebenslust. Diese persönlichen inneren Bilder entstehen durch gesammelte Erfahrungen und Assoziationen. Es sind Vorstellungen und Phantasien, die es zu erhalten und fördern gilt. Jedes Kind ist stark mit seinem Elternhaus und seiner frühesten Umgebung verbunden. Wir wissen, daß durch die Erfahrungen, die ein Kind in der frühesten Kindheit macht, durch Informationen und emotionale Zuwendung, die Grundlagen für Erfolg oder Mißerfolg im weiteren Leben gelegt werden. Durch Beruf und Freizeitbeschäftigungen der Eltern, durch die Gestaltung der Wohnung, das Lebensumfeld, das Angebot an Spielzeug, entwickelt jedes Kind persönliche Vorlieben und Abneigungen. Es lernt unterschiedliche Dinge wahrzunehmen. Die einen entwickeln ein gutes visuelles Gedächtnis, andere nehmen die Dinge über Zuhören, oder durch Handeln und Anfassen auf. Jedes Kind möchte aber mitteilen, was es wahrgenommen hat, durch Bewegung, Sprache, Bilder. Letztere sind die elementarsten Mitteilungsformen, die es lohnt aufzubewahren. Kinderzeichnungen sind ein Spiegel dafür, wie die Kinder sich selbst erleben und wie sie Informationen geistig verarbeiten können. In den Bildern zeigen die Kinder eine Welt, wie wir Erwachsenen sie ihnen vermittelt haben, aber sie geben auch ihre eigenen Vorstellungen von einer veränderten Welt bildnerisch wieder.

Bildnerisches Gestalten ist ein Teil der ästhetischen Erziehung. Das Wort ist vom griechischen „aisthesis" abgeleitet und bedeutet empfinden. Ästhesie ist das Empfindungsvermögen. Der Begriff der Ästhetik wurde 1750 von A. G. Baumgarten eingeführt, als Bezeichnung für die philosophische Wissenschaft von der „sinnlichen Erkenntnis". Der Philosoph Immanuel Kant benutzte den Begriff und erweiterte ihn zur „Wissenschaft vom Schönen". Der Ästhet als Wahrnehmender, empfindet bestimmte Dinge ausgewogen, ansprechend, geschmackvoll. Sie sprechen seine Sinne an, und er findet sie schön. Durch ästhetische Erziehung soll der Mensch also für Ausdrucksformen seiner Umgebung empfindsam gemacht werden.

Die Erwachsenen sprechen sehr viel von Umweltbewußtsein, dabei stumpfen im Laufe ihres Lebens die Sinne zur Wahrnehmung der Umwelt immer mehr ab. Sehen und Wahrnehmen ist nicht dasselbe. Der Alltag, mit einer Fülle an Reizüberflutungen, macht den leistungsstrapazierten Erwachsenen blind, er hat kaum noch Zeit zum Verweilen, zum bewußten Hinsehen, zum Wahrnehmen von Einzelheiten in Formen, Farben und Zeichen.

Trotz Fernsehen, sich aufdrängender Reklame, jagenden Autos und immer mehr Maschinen im Haushalt, muß es das Anliegen von Eltern, Erzieherinnen und Lehrerinnen sein, daß sie das Kind nicht schon frühzeitig in den Bann einer grauen, hektischen, angstauslösenden Erwachsenenwelt ziehen. Das Kind braucht Vertrauen und Sicherheit. Mit seinen wachsenden körperlichen und geistigen Kräften will es Dinge kennenlernen und Beziehungen zu ihnen aufbauen. Es möchte Zusammenhänge, Ordnungen und Handlungsweisen seiner Umwelt erfassen und sich selbst aktiv an einer Gestaltung beteiligen. Die Erwachsenen müssen dem Kind Möglichkeiten anbieten, Fragen, Unsicherheiten und Ängste zu formulieren und zu bewältigen.

In den Institutionen Kindergarten, Hort und Grundschule übernehmen Erzieherinnen und Lehrerinnen eine besondere Verantwortung. Sie verfügen aufgrund ihrer Ausbildung über entsprechendes Fachwissen und werden den Kindern vor allem im bildnerischen Bereich Möglichkeiten geben, spielerisch ihr Fühlen und Denken darzustellen.

Gestalten entspricht einem natürlichen menschlichen Bedürfnis, sich schöpferisch auszudrücken. In allen Jahrhunderten haben Menschen sich geschmückt und ihre Erfahrungen und Vorstellungen vom Leben in Zeichnungen wiedergegeben. Auch unsere moderne Gesellschaft braucht kreative Menschen. Täglich werden wir mit vielen Ereignissen konfrontiert, die Entscheidungen und veränderte Handlungsweisen von uns fordern. Durch innere Sicherheit, eigene Wertmaßstäbe und Erfassen von Zusammenhängen kann ein kreativer Mensch verschiedene Lösungsmöglichkeiten finden. Zusammenhänge und Ordnungen können hergestellt und wieder verworfen werden. Kreative Menschen sind nicht auf bestimmte Richtungen festgelegt, sie fühlen sich innerlich frei und sind phantasievoll im Denken.

Für kleine Kinder ist die Welt noch farbig und bunt, verbunden mit kreatürlicher Freude an allen Dingen. Die Erzieherin/Lehrerin muß diese Freude erhalten und die Kinder gleichzeitig anleiten, bewußt zu sehen. Kinder sind neugierig, sie reagieren besonders auf Farben. Zum Malen suchen sie sich ihre Lieblingsfarben und gestalten damit zunächst völlig zweckfrei. Mit Konzentration und Ausdauer malen sie die vielen Dinge ihrer Umgebung, die sie neugierig gemacht haben, die für sie aber oftmals auch unerklärlich sind. Mit Phantasie füllen sie die Verständnislücken, stellen selbst Zusammenhänge her und schaffen damit eigene Ordnungen. Malen und Gestalten ist für Kinder ein Erlebnis, an dem sie Freude haben und das sie befriedigt. Dieses Lustgefühl wollen die Kinder immer wiederholen und trainieren dabei geistige und manuelle Fähigkeiten und Fertigkeiten. Die Erzieherin unterstützt sie durch emotionale Zuwendung, ermuntert sie zu phantasievollen Tätigkeiten und freut sich mit den Kindern an den entstandenen Bildern. Wahrnehmungsdifferenzierung und -sensibilisierung durch bildnerisches Gestalten fördert Kinder ganzheitlich zur Entfaltung ihrer individuellen Persönlichkeit. Die gegenüberstehende Aufgliederung in Förderungsbereiche soll dies verdeutlichen.

Wenn wir bedenken, wieviele Stunden die Kinder täglich in den verschiedenen Institutionen verbringen, wird uns deutlich, daß sowohl das räumliche Umfeld als auch die Persönlichkeit der Erzieherin/ Lehrerin wesentlich daran beteiligt sind, Lernerfahrungen, Leistungsbereitschaft und Erlebnisfähigkeit zu fördern oder zu bremsen. Auch die Zusammensetzung der Gruppe und deren Steuerung durch die

Bereiche zur Kreativitätsförderung beim bildnerischen Gestalten

Kreativität ist der Prozeß des Zusammenspiels aller seelischen, geistigen und körperlichen Kräfte für ein zukunftorientiertes, neugestaltendes Handeln und Denken. Merkmale der Kreativität: Phantasie, Originalität, Kombinationsfähigkeit, Assoziationsbereitschaft, Flexibilität.

Kognitiver Bereich geistiger Bereich	senso-motorischer Bereich geistig-körperlicher Bereich	emotional-affektiver Bereich seelischer Bereich	psycho-sozialer Bereich seelisch-gemeinschaftlicher Bereich
bedeutet:	bedeutet:	bedeutet:	bedeutet:
Wahrnehmungsfähigkeit – Form, Farb-, Raumerfassung – erkennen, vergleichen, differenzieren	Körperbewußtsein – Raumerfahrung – Beweglichkeit – Rhythmisches Empfinden – Schwere-, Leichtigkeitsempfinden	Erlebnisfähigkeit empfinden Freude – am Umgang mit dem Material – am Gelingen der Arbeit	Sozialverhalten – Rücksichtnahme im Verhalten zu anderen Personen, im Umgang mit Materialien
Assoziationsfähigkeit – Zusammenhänge herstellen	Feinmotorik – manuelle Geschicklichkeit – Handhabung der Werkzeuge und Materialien – Eigenschaften erfassen – Treffsicherheit	Sensibilität für – Farb- und Formempfinden – Struktur- und Ornamentwahrnehmung	Kooperationsfähigkeit – Ideen und Materialien abgeben können
Darstellungsfähigkeit – Wissen erlangen und sichtbar machen – Ausdrucksfähigkeit	haptische Wahrnehmung – Erkennen durch die Hand (Tastsinn)	Steigerung des – Selbstvertrauens – Selbstwertgefühls	Einfühlungsvermögen – in Darstellungsformen anderer
Abstraktionsfähigkeit – kausales Denken – Sachkonflikte erkennen und lösen – Erfassen von Zeichen (Bild, Schrift, Zahlen)	Koordinationsfähigkeit – Auge-Hand-Koordination	Bereitschaft – Gefühle sichtbar zu machen – Interessen und Bedürfnisse zu artikulieren (Auswahl von Techniken, Fragen nach Material)	Kommunikationsbereitschaft – Toleranz – Rücksichtnahme (sich zurücknehmen für Aussageformen anderer)
Kommunikationsfähigkeit – Begriffsbildung – Artikulationsfähigkeit	Kombinationsfähigkeit – Sicherheit in der Verwirklichung von Bilddarstellungen – Aussagegenauigkeit	Neugierverhalten – Staunen können – Überraschungserleben	
	psycho-motorischer Bereich seelisch-körperlicher Bereich	Risikobereitschaft, Mut – zum Experimentieren – zu neuen Ausdrucksmitteln	
	bedeutet: – Lösung von Verkrampfungen (Hand-, Arm-, Nackenmuskulatur) – Verarbeitung und Abbau von Aggressionen (Kanalisieren anhand des Materials, erneutes Erleben von Angst, Enttäuschungen, Wut) – Stärkung der Belastbarkeit, Durchhaltevermögen, Ausdauer, Konzentration	Bereitschaft – Regeln zu übernehmen – Ordnungen anzuerkennen	
		Konzentrationsfähigkeit – Sorgfalt im Denken – Sorgfalt im Darstellen	

Pädagogin wirken sich auf das Verhalten eines Kindes aus. Jede Institution macht sich, bedingt durch unterschiedliche Voraussetzungen, ihr eigenes Konzept, wonach sie Zielsetzung und pädagogische Arbeit ausrichtet. Welcher Stellenwert hierbei dem bildnerischen Gestalten zukommt, erkennt man häufig an der Raumordnung und -gestaltung. Hier stellt sich die Erzieher-/Lehrerpersönlichkeit dar. Sie zeigt, wo ihre pädagogischen Schwerpunkte liegen, welche Werte und Erfahrungen sie für bildnerisches Gestalten mitbringt.

Erzieherinnen/Lehrerinnen müssen keine großen künstlerischen Talente sein, um mit Kindern kreativ zu werden. Erkennen sie die Bedeutung des bildnerischen Gestaltens für die Entwicklung der Kinder, werden sie ihnen die unterschiedlichsten gestalterischen Angebote machen und ihnen Erlebnisse vermitteln. Die Pädagogin macht mit den Kindern Ausflüge in die Natur. Gemeinsam besuchen sie den Wochenmarkt, den Bäcker, den Arzt oder ein Krankenhaus, die Feuerwehr oder Polizei, um sich mit der erweiterten Umwelt vertraut zu machen. Sie erhalten Anregungen und können Ängste und Unsicherheiten abbauen. Die Lehrerin/Horterzieherin erweitert das Angebot um Ausstellungs- und Theaterbesuche, Sportveranstaltungen und Wanderungen. Die Erzieherin in Kindergarten und Hort ist aber auch bereit, den Kindern in der Einrichtung Möglichkeiten zu schaffen, daß sie experimentieren und frei gestalten können. Sie gewährt ihnen Handlungsfreiraum, setzt Impulse, läßt den Kindern Zeit im Tagesablauf und scheut die entstehende „Unordnung" nicht. Durch Einführungsbeschäftigungen gibt sie den Kindern Anweisungen zur sachlich korrekten Werkzeug- und Materialhandhabung. Sie beobachtet die Kinder während des freien Umgangs und sieht, wieweit Wissen und Können angewandt werden, und welche Bereitschaft die Kinder zeigen, aus freier Entscheidung Regeln zu befolgen. Sie weiß, welche Kinder selbständig zusammenarbeiten können und steuert behutsam die Gruppenbildung.

Nur selten haben Kindergärten und Horte Mal- oder Matschräume. Den Kindern stehen zwar Buntstifte und Wachsfarben zum Malen zur Verfügung, aber eine richtige Gestaltungsecke, in der sie mit flüssigen Farben und Druckmaterialien, mit Papier, Stoff und Klebstoff experimentieren können, findet man kaum. Was für Puppenspiel und Bauen selbstverständlich geworden ist, sollte durch eine geringe Raumveränderung auch für das bildnerische Gestalten möglich werden. Günstig ist ein Wasseranschluß und -abfluß im Raum, der Rest ist mit einem gut sortierten Materialregal als Raumteiler leicht zu erreichen. Durch das frei sichtbare Material werden die Kinder zum kreativen Schaffen aufgefordert, sie treten mit den Dingen selbst in Verbindung. Der Kindergarten hat die Aufgabe, Fähigkeiten und Fertigkeiten anzubahnen und Wahrnehmung zu differenzieren. Bei Eintritt in die Schule sollen die Kinder schon eine erhebliche Grundlage an optischer Differenzierung mitbringen, um Schreiben und Lesen zu lernen. Der „Ernst des Lebens", die Arbeit, beginnt nicht erst in der Schule, und das Spielen im Kindergarten ist nicht sinnloses Spiel ohne ernsthaften Inhalt. Ein Kindergartenkind spielt 7 – 8 Stunden im Wechsel zwischen aktivem Einsatz und passivem Geschehenlassen. Im Kindergarten ist Spiel als Erfahrungslernen und als Ausgleichsfunktion für die körperlich-geistige Entwicklung noch eine Einheit.

Mit dem Schuleintritt wird eine Unterteilung vorgenommen. Von jetzt ab gelten bei vielen Eltern Inhalte der Schulfächer als sinnvoll, weil lernorientiert, während die Freizeitbeschäftigung im Hort oder zu Hause mißverständlicherweise nur als Ausgleichsfunktion gesehen wird. Kinder schaffen sich aber, wie wir gesehen haben, im sogenannten musischen oder kreativen Freizeitbereich die Grundlage für viele Fähigkeiten, die Einfluß auf ihr weiteres Leben und Lernen haben werden.

Die Lehrerin in der Grundschule nutzt beide Gesichtspunkte des bildnerischen Gestaltens. Durch die vorgeschriebene Fächereinteilung hat sie in der herkömmlichen Schulform zwei Wochenstunden, d. h. 90 Minuten Zeit für handwerkliches Gestalten. Das ist erschreckend wenig. Eine gute Lehrerin wird den Kindern aber auch bei anderen Unterrichtsinhalten Möglichkeiten zur zeichnerischen Darstellung anbieten. Beim sogenannten „offenen Unterricht" hat die Lehrerin vom Konzept her einen größeren Freiraum. Der Zeitpunkt für den Eintritt in die Schule ist durch eine Altersangabe festgelegt. Die Kinder befinden sich schon vom 6. Lebensjahr an in einem langzeitigen Entwicklungsprozeß, der vom kindlich-realistischen Denken geprägt ist. Die Kinder setzen sich spielerisch-handelnd mit der Realität auseinander. Sie fragen sehr viel, brauchen aber auch Zeit und Angebote, die neuen sprachlichen Informationen zu verarbeiten. Die Kinder müssen sich jetzt verstärkt einem Zeitplan unterordnen, sie müssen mit der Schulatmosphäre, den veränderten Räumlichkeiten, den neuen altersgleichen Mitschülern vertraut werden. Ihre eigene Rolle hat sich verändert, sie waren die Großen im Kindergarten, jetzt sind sie die kleinen Erstkläßler auf dem Schulhof.

Um den Kindern bei diesem Individuationsprozeß zu helfen, wird die Lehrerin aufgrund ihres pädagogischen Wissens möglichst viele Gestaltungsangebote machen. Beim Malen lernt sie die Kinder mit ihren Fähigkeiten und Fertigkeiten kennen. Sie zeigen ihre emotionalen Reaktionen auf die neuen Leistungsanforderungen und können durch Zeichnen und Malen Konflikte verarbeiten. Aufgrund der Informationen wird die Lehrerin aber auch Lernform- und Lerntempo überprüfen, eventuell verändern und den Gruppenprozeß steuern. Die Kinder zeigen oft großes Vertrauen zu ihrer ersten Lehrerin. Kinder mit Schwierigkeiten beim Lesen und Schreiben zeigen häufig auch keine Lust zum Malen. Die Lehrerin wird sie auffordern: „mal mir ein schönes Bild" (Sekundärmotivation). Freut sich die Lehrerin über das entstandene Bild, ist auch das Kind befriedigt und entwickelt mehr Lust am Gestalten. Auf dieser Basis können sich dann Fertigkeiten entwickeln, bis das Kind an der Tätigkeit selbst Freude empfindet (Primärmotivation).

Voraussetzung für Wohlbehagen und Schaffensfreude ist auch in der Grundschule eine ästhetische Raumgestaltung und ausreichendes Materialangebot. Der bauliche Zustand der oft alten Schulgebäude entspricht dem nicht immer. Trotzdem bemühen sich Lehrerinnen sehr, für die Kinder das Beste daraus zu machen. In Eimern holen sie mit ihnen das Tuschwasser vom Flur herein, um mit Pinsel und Farbe arbeiten zu können. Die Wände verschönern sie durch die Arbeiten der Kinder.

Wesentliche Aspekte zur Gestaltung der Räumlichkeiten, die zum Wohlbefinden und zur Kreativität beitragen:
— gesonderte Gestaltungsecke
— flexible Raumgestaltung
— Ausnutzung aller in der Institution vorhandener Räumlichkeiten
— offenes Materialregal (Aufforderungscharakter)
— Raumdekoration nach ästhetischen Gesichtspunkten
    keine Überdekoration, Ruhezonen fürs Auge, Bildleiste auf Augenhöhe der Kinder.

Vielerlei Material aus der Umwelt regt zum Gestalten an. Die Lehrerin wird die Kinder zum Sammeln auffordern und zum Kleben und Drucken anregen. In nachbereitenden Gesprächen prägt sie das Bewußtsein der Kinder für die Vorgänge in der Natur. Die Kinder stellen Bezüge zu den Materialien her, die sonst weggeworfen werden. Sie analysieren Nutzen und Schädlichkeit der verschiedenen Verpackungsmaterialien und denken selbst über verändertes Verhalten nach. Die Schule hat den Auftrag, die Kinder auf ein Leben vorzubereiten, in dem der überwiegende Teil der Erwachsenen viel Freizeit haben wird. Ob die heutigen Kinder diese später selbstgestaltend, schöpferisch ausfüllen oder kritiklose Freizeitkonsumenten werden, hängt auch davon ab, wie sie in ihrer Kindheit Kreativität entwickeln konnten.

Der Hort nimmt zwischen Kindergarten und Schule eine besondere Rolle ein. Meistens ist er einer Kindergarteninstitution angeschlossen. Kinder berufstätiger Eltern verbringen den Zeitraum vor oder nach der Schule bis zum Arbeitsende der Eltern im Hort. Neben der Versorgung mit Mittagessen und der Erledigung der Hausaufgaben, erleben die Kinder ihren Freizeitbereich im Hort. Sicher erscheint es einigen Kindern erstrebenswert, wenn sie nach der Schule den Tag individuell gestalten könnten. Die Hortinstitution bietet den Kindern jedoch auch Vorteile. Auf den bildnerischen Bereich bezogen, hat ein Kind hier vielfältigere Material- und Werkzeugangebote und bekommt häufig mehr Anregungen als zu Hause. Nach Erledigung der Hausaufgaben streben die Kinder nach individueller, lustbetonter Freizeitgestaltung mit möglichst großem Freiraum. Sie brauchen Bewegungsausgleich, aber auch Möglichkeiten, sich zurückzuziehen. Durch den Wechsel zwischen Elternhaus, Schule und Hort, müssen sie eine Reihe erziehender Personen akzeptieren. Sie werden ständig mit einer großen Kinderzahl konfrontiert und müssen sich sowohl in der Schule als auch im Hort einordnen. Spontane Spielnachmittage mit Schulfreunden sind für sie kaum möglich.

Beim bildnerischen Gestalten kann sich das einzelne Kind innerlich zurückziehen, sich einen Freiraum schaffen, um seine Phantasien, aber auch Wut und Aggressionen auszuleben. Die Erzieherin sollte versuchen, einen kleinen Raum zu schaffen, in den sich gleichgesinnte Kinder zurückziehen können, um Ruhe zu haben, um sich aber gedanklich auch mit einem Gesprächspartner auszutauschen. Die Erzieherin sollte viel Material offen zur Verfügung stellen. Bildnerische Techniken, die die Kinder schon vom Kindergarten her kennen, werden im Schulalter von ihnen mit anderer persönlicher Aufgabenstellung vertieft. Allein das Auswählen und Hantieren mit den Materialien entspannt, es muß nicht immer etwas Besonderes dabei entstehen. Die Wahrnehmung wird gefördert. Die Kinder bestimmen selbst, ob sie Techniken benutzen, in denen sie sich bildlich ausdrücken wollen, oder ob sie mit Farben und Formen experimentieren und zu originellen Farbpapieren gelangen. Die Vertiefung in bekannte Materialien und Techniken fördert die Konzentration und Ausdauer der Kinder. Natürlich sollte die Erzieherin auch neue Techniken anbieten. Sie kann dabei über den situativen Ansatz den Kindern, vom Thema oder Material ausgehend, neue Kenntnisse vermitteln. Sie sorgt dafür, daß neben Einzelbeschäftigungen Gemeinschaftsarbeiten entstehen, z. B. Spiele, an denen die Kinder anschließend noch Freude haben.

Unmerklich haben diese kreativen Tätigkeiten Auswirkungen auf das schulische Lernen. Die Kinder erleben Eigenmotivation, sie werden kooperativ und kommunikativ. Beim bildnerischen Gestalten setzen sich Schulkinder in anderer Form mit der Umwelt auseinander als Vorschulkinder. Die Kinder sind z. B. betroffen über die aktuellen Informationen des Seehundsterbens in der Nordsee oder die Hungersnot in der GUS. Die Erzieherin/Lehrerin spricht mit den Kindern über das Thema und führt über Ausflüge und Buchinformationen zur Auseinandersetzung. Sie hilft den Kindern, wie sie das Thema durch bildnerisches Gestalten der Allgemeinheit, den anderen Gruppen/Klassen und Eltern, präsentieren können. Sie wertet mit den

Kindern persönliche Darstellungen aus. Das einzelne Kind erfährt, wie seine eigenen bildnerischen Äußerungen von den anderen verstanden werden. Als guter Gesprächsführer lenkt die Erzieherin/Lehrerin die Beiträge der Kinder; sie äußern sich, müssen sich aber auch zugunsten anderer zurücknehmen. Sie erhalten Zutrauen zu eigenen bildnerischen Aussagen und übernehmen Verantwortung.

Der Umgang mit den verschiedensten Gestaltungsmaterialien regt zur Auseinandersetzung mit heutigen Wegwerfgewohnheiten an. Durch die Verwertung gesammelter Gegenstände können die Kinder einen Beitrag zum Recycling leisten. Sie zeigen z. B. ihre Vorstellungen zum Thema: „Was geschieht mit den Flaschen in den Containern?" Bei dem wiederholten Umgang mit den Dingen werden Einzelheiten wahrgenommen, im Gegenstand werden ästhetische Gesichtspunkte erkannt. Ein Kronkorken ist nicht Unrat, unachtsam auf die Straße geworfen, sondern blitzendes Metall, das zum Gestalten verwertet wird, und mit dem man sich unter den verschiedensten Gesichtspunkten auseinandersetzen kann.

Durch bildnerisches Gestalten kann die Erzieherin/Lehrerin auch passiven Fernsehkonsum zu aktiver Auswertung und Weitergestaltung umwandeln. Haben die Fernsehfiguren im Bild Gestalt angenommen, sind sie einerseits nicht mehr so bedrohlich, andererseits können die Kinder Geschichten um die Figuren herum erfinden und gemeinsam eine neue Comicserie herstellen. Die Erzieherin/Lehrerin erfährt gleichzeitig, welche Wertvorstellungen die Kinder aus den Filmen ableiten und kann korrigierend einwirken.

Bildnerisches Gestalten hat in allen drei Institutionen, Kindergarten, Schule und Hort, die Aufgabe, das Empfindungsvermögen der Kinder zu erweitern, ihre Sinne auszudifferenzieren und ihnen Angebote zu machen, selber Dinge eigenschöpferisch zu gestalten. Sie lernen Ordnungen und Regeln zu begreifen, erproben sie und erfassen Naturgesetzmäßigkeiten. Erzieherinnen/Lehrerinnen haben das Anliegen, daß die Kinder zu Erwachsenen heranreifen, die bewußt ihre Umwelt wahrnehmen und an ihrer Gestaltung teilhaben.

Die folgende Aufstellung zeigt die
Aufgaben der Pädagogin bei der Förderung kreativen Gestaltens:

— Überprüfung eigener Wertvorstellungen zum bildnerischen Gestalten
— eigene Motivation für bildnerisches Gestalten
— Kenntnisse über Zeichenentwicklung der Kinder
— Material- und Werkzeugkenntnis
— persönliche Teilnahme am Schaffen der Kinder: sich freuen können, motivieren, bekräftigen
— Impulse setzen
— Erlebnisse schaffen
— Handlungsfreiraum geben: Materialangebot, Zeit, Großzügigkeit
— Möglichkeiten, Gemeinschaftsprojekte anzubieten: Ideen, Motivation, Gruppenkenntnis, Umwandlung von Einzelarbeiten in Gruppenarbeiten
— Anwendungsmöglichkeiten für Papiertechniken kennen
— motivierendes Materialangebot schaffen: angespitzte Bleistifte, gute Farbsortierung, saubere Farbnäpfe als Ausgangssituation, großzügiges und vielfältiges Papierangebot
— Wechsel im Materialangebot
— Umweltmaterialien einbeziehen: kritische Auseinandersetzung, Auswertungsgespräche führen.

Die Entwicklung der Kinderzeichnung

Zeichnungen gehören zur Entwicklung eines jeden Kindes, sie dienen der Umwelt-
erschließung und dem Hineinwachsen des Kindes in seine Umwelt. Wie Forschungen
zeigen, stellen sich die ersten Zeichnungen in ganz bestimmter Art und Weise dar,
unabhängig von Lebensraum und Zeitalter der Menschen. Kinderzeichnungen sind
erste sichtbare Äußerungen ihrer erwachenden Persönlichkeit. Der Zeitpunkt des
Entstehens hängt davon ab, wie früh dem Kind Stift und Papier angeboten wird
und welche Anreize es erhält. Kinder haben ein starkes Nachahmungsbedürfnis,
und so wirkt sich die Lebens- und Berufswelt der Eltern auch auf die Zeichenentwicklung des Kindes aus. Das äußere Angebot bleibt aber ungenutzt, wenn die
Reifungsprozesse im Gehirn des Kindes noch nicht entsprechend entwickelt sind.

1 Bewegungs- und Spielphase – Kritzelphase

Der Malstift wird vom Kind als Spielgegenstand benutzt. Wie beim Bauklotz und
Ball greift es nach ihm, steckt ihn in den Mund, dreht und bewegt ihn. Irgendwann
zwischen dem 2. und 3. Lebensjahr entdeckt es zufällig, daß dieser Stift bei
Bewegungen Spuren hinterläßt. Dies erweckt Interesse und wird von nun an
absichtlich angewandt. Aus den spontan auftretenden Bewegungen der Hände
entstehen Strichzeichnungen, woraus sich mit weiterer Reifung des Gehirns die
zeichnerischen Elementarformen wie Knäuel, Spirale, Kreis, Kreuz und Kasten
bilden. Das Zeichnen des Kindes im Kritzelalter ist also sichtbar gewordene
Bewegung, durch die es dem Erwachsenen möglich ist, die sensomotorische
Entwicklung des Kindes bewußt mitzuerleben, und wenn nötig, weitere Anreize zu
geben. Dies setzt jedoch voraus, daß der Erwachsene die Zeichensprache des Kindes
versteht und nicht nach seinen Vorstellungen deutet. Raum-, Körper- und Bewe-
gungsgefühle des Kindes in dieser Phase sind nicht mit denen des Erwachsenen
vergleichbar. Das Kind gibt in den Zeichnungen vorgeburtliches Erleben und
Erfahrungen des Säuglingsalters wieder. Der einfache Strich wird zum Knäuel, in
dem sich die Urerfahrung zeigt, daß die Welt rund, ohne Abgrenzung nach oben
und unten, ein endloser Raum ist. Bei beginnender Bewegungsreduzierung kann
aus dem Knäuel ein Kreis werden, der wie Dreieck, Viereck oder Kasten den Raum
gezielt erfaßt. Das Kind stellt Erfahrungen über seine Körpergrenzen hinaus dar.
Horizontale und vertikale Striche, in Verbindung auch als Kreuz, sind immer
richtungweisend und zeigen das Erlebnis des aufrechten Ganges. Die Zickzacklinie
ist Ausdruck der Gehbewegung, die Beine legen den Weg des Auf und Ab zurück.
Der ganze Körper nimmt an den ersten Malvorgängen teil, das Kind rutscht über
das am Boden liegende Papier und setzt seine Kraft oft so intensiv ein, daß der
Malgrund dabei beschädigt wird. Das erste Kritzelstadium ist im wahrsten Sinne
ein Spiel mit den Mitteln. Dazu sagt Erich Rhein (1958, S. 21):
*„Vom traumverlorenen Spielen können wir lernen, daß es nicht immer richtig ist,
seinen Blick gleich auf das Ziel zu richten."*

2 Assoziationsphase – Bild-Deutungsphase

Mitte des 3. Lebensjahres entdeckt das Kind in seinem Lebensraum Dinge, die seinen eigenen gemalten Gebilden ähnlich sind. Die Gegenständlichkeit entwickelt sich also vom Kind aus. Der Erwachsene sollte diesen Prozeß nicht lenken, sondern dem Kind Zeit lassen zwischen Bewegungsmalen und Umweltsehen selbst die Verbindung herzustellen. Durch das längere Verweilen im Kritzelstadium prägt das Kind seinen Tastsinn – ohne Ablenkung durch Sprache – aus und macht ständig neue Raumerfahrungen. Da sich die Sprache vor der zeichnerischen Äußerung entwickelt, beginnt das Kind auch von selbst seine Entdeckungen zu benennen. Die Deutung kann spontan durch Gestaltassoziation erfolgen oder aber spielerisch, durch Phantasie. Der Kreis kann zum Gesicht oder zur Sonne, auch zum Autoreifen werden. Das Kind deutet aber immer im Nachhinein. Die Bilddeutungsphase ist die Übergangsphase, in der sich das Kind von seinem „Innenraum" löst und nun die „Außenwelt" des Erwachsenen realistisch erfassen möchte.

3 Phase des kindlichen Realismus – Vorstellung – Bilderleben

Das Kind erhält immer mehr Wissen über Gegenstände, Handlungen und Personen, zeichnet diese nach eigenen Vorstellungen auf und ergänzt Nichtwissen mit Phantasie. Nach Luquets (Widlöcher 1989, S. 29) ist dies die Phase des kindlichen Realismus, ein Höhepunkt der Kinderzeichnung. Die Phasen der zeichnerischen Entwicklung sind in sich nicht abgeschlossen, sondern stellen sich in Bildern auch nebeneinander dar. Kinder leben sich zeitweise in allen Stufen aus, sie kritzeln, deuten und ergänzen realistisch.

Der erwachsene Mensch nimmt im Leben des Kindes eine dominierende Rolle ein, und so ist es nicht verwunderlich, daß es zuerst ein Gesicht darstellt, das als Mutter, Vater oder andere Familienangehörige gedeutet wird. Bis zum Beginn des 5. Lebensjahres sind für das Kind Gesicht mit Augen, Beine und Arme wichtig. Dann erfaßt es parallel zur Entdeckung des eigenen Körpers diesen auch zeichnerisch. Hinzu kommen immer Einzelheiten, die für das Kind durch irgendwelche Erlebnisse Bedeutung erhielten, wie zum Beispiel die Entdeckung der lebenden Karpfen beim Markteinkauf, eines Hundes als Störenfried beim Entenfüttern oder die auffällige Kleidung der Straßenbauarbeiter, Verkehrsschilder usw. Das Kind zeichnet, was ihm wichtig ist und gibt dem Erwachsenen uneingeschränkt Informationen über seine Verarbeitungs- und Erlebnisfähigkeit.

Die weitere Ausgestaltung der Bilder und Darstellungen ist abhängig von der jeweiligen Kultur, in der das Kind lebt und den Angeboten, die die Erwachsenen dem Kind machen. Motorisch ist es mit 6 Jahren in der Lage, recht feine Einzelheiten zu malen, je nach angebotenem Material. Figuren werden mit Haaren und Fingern, z. T. Fingernägeln versehen, erhalten Kleidung und werden geschmückt. Blumen, Bäume, Häuser und Tiere erscheinen auf den Bildern. Das Wissen von den Gegenständen, und das visuelle Wahrnehmen der Dinge vermischt sich ab dem 6. Lebensjahr in Darstellungen von Profilansicht und Perspektive, dem Simultan- und Röntgenbild. Beim Profilzeichnen hat das Kind die Seitenansicht visuell erfaßt, setzt aber trotzdem noch häufig 2 Augen wie bei einer Vorderansicht ein. Beim perspektivischen Zeichnen erobert es den Raum, setzt Häuser und Figuren aber noch frei und wie zufällig hingestreut über das ganze Blatt. Was wichtig ist, wird groß dargestellt. Standlinienbilder zeigen Handlungsdarstellungen am unteren Bildrand, die meist im oberen Teil von Himmelsblau, Wolken und Sonne gekrönt werden. Eine Besonderheit ist das Simultanbild, bei dem das Kind mehr räumliche Darstellung in ein Bild bringen möchte. Eine Straße schlängelt sich über das Bild, die Häuser werden an den Straßenrand gelegt, die Straßenbegrenzung wird wie eine Grundlinie benutzt und das Blatt dementsprechend zum Malen gedreht. Beim Röntgenbild wird das Äußere und Innere eines Gegenstandes gezeigt. Ein Haus sieht dann wie eine geöffnete Puppenstube aus, die vordere Wand fehlt.

4 Phase des visuellen Realismus – kritisch realistisches Sehen

Mit dem Schuleintritt erhält das Kind neben der Zeichnung andere Ausdrucksmöglichkeiten. Je nachdem, welche Erfolge ein Kind bei der Sprach- und Schreibentwicklung hat, wird es von dieser neu erworbenen Fähigkeit erfüllt. Die Auseinandersetzung mit der Realität steht im Vordergrund seines Denkens, es ist von der Wirklichkeit gefesselt und erfährt sie in Buchsachinformationen. Die selbstgefertigten Zeichnungen entsprechen nicht mehr seinem kritisch-visuellen Sehen. Zwischen dem 8. und 10. Lebensjahr hören viele Kinder mit dem phantasievollen Malen auf. Nur wenige Kinder zeigen über die Zeichnung noch etwas von ihrem Inneren. Andererseits benötigen sie zur realistischen Darstellung Hilfe durch gezielte Aufgabenstellung des Erwachsenen. Die erweiterte Darstellung der Perspektive entwickeln nur begabte Kinder ohne Hilfestellung. Schräg-, Luft-, Horizont- und Mehrstreifenbild sind Darstellungsformen dieses Alters. Räumlich-logische Ordnungen sollen sichtbar gemacht werden. Die Fläche wird zunehmend mehr als Raum erfaßt, Größenverhältnisse erkannt. Alte Darstellungsformen mischen sich jedoch mit neuen Sichtweisen der Gestaltung, so daß es zu sogenannten Mischbildern kommt. Je mehr Wirklichkeit das Kind erfaßt, desto mehr verlieren sich die typischen Merkmale der Kinderzeichnung. Das Kind versucht seine Darstellung der Realität anzugleichen. Gelingt ihm das technisch nicht, verliert es immer mehr die Lust am Malen. Der Verlust der kindlichen Zeichnung ist aber nicht negativ zu werten, er zeigt den Fortschritt in der Entwicklung des Kindes. Das abgeschlossene visuell-realistische Zeichnen finden wir erst im Jugendalter und dann auch nur bei einer Verbindung von Begabung, Interesse und Anleitung. Das Interesse des Kindes am Zeichnen läßt nach, obgleich seine Fähigkeiten ihm eine meisterhafte Beherrschung der Techniken gestatten würden. Eine Erziehung zur Kunst kann erst nach der Pubertät einsetzen. W. Grözinger sagt (1961, S. 10):

„Das Ziel der scheinbar künstlerischen Entwicklung des Kindes ist nicht die Kunst, sondern die Wirklichkeit."

Die Erzieherin/Lehrerin hilft dem Kind auf seinem Weg, die Welt zu erobern.

Der Schriftsteller Antoine de Saint-Exupéry (1900 – 1944) beginnt seine Geschichte vom kleinen Prinzen folgendermaßen:

„Als ich sechs Jahre alt war, sah ich einmal in einem Buch über den Urwald, das „Erlebte Geschichten" hieß, ein prächtiges Bild. Es stellte eine Riesenschlange dar, wie sie ein Wildtier verschlang.

In dem Buch hieß es: „Die Boas verschlingen ihre Beute als Ganzes, ohne sie zu zerbeißen. Daraufhin können sie sich nicht mehr rühren und schlafen sechs Monate, um zu verdauen."

Ich habe damals viel über die Abenteuer des Dschungels nachgedacht, und ich vollendete mit einem Farbstift meine erste Zeichnung. Meine Zeichnung Nr. 1. So sah sie aus:

Ich habe den großen Leuten mein Meisterwerk gezeigt und sie gefragt, ob ihnen meine Zeichnung nicht Angst mache.

Sie haben mir geantwortet: "Warum sollen wir vor einem Hut Angst haben?"

Meine Zeichnung stellte aber keinen Hut dar. Sie stellte eine Riesenschlange dar, die einen Elefanten verdaut. Ich habe dann das Innere der Boa gezeichnet, um es den großen Leuten deutlich zu machen. Sie brauchen ja immer Erklärungen. Hier meine Zeichnung Nr. 2:

Die großen Leute haben mir geraten, mit den Zeichnungen von offenen oder geschlossenen Riesenschlangen aufzuhören und mich mehr für Geographie, Geschichte, Rechnen und Grammatik zu interessieren. So kam es, daß ich eine großartige Laufbahn, die eines Malers nämlich, bereits im Alter von sechs Jahren aufgab. Der Mißerfolg meiner Zeichnungen Nr. 1 und Nr. 2 hatte mir den Mut genommen. Die großen Leute verstehen nie etwas von selbst, und für die Kinder ist es zu anstrengend, ihnen immer und immer wieder erklären zu müssen.

Antoine de Saint-Exupéry
© Karl Rauch Verlag

Entwicklungsphasen

1. Bewegungs- und Spielphase – Kritzelphase

Knäuel, Spirale
- rotierendes Raumgefühl
- endlos, ohne Schwerkraft
- Binnenraum des Kindes

Kreis
- vom Endloskreis zum Einzelgebilde
- der selbstgeschaffene Gegenstand
- Raumerfassung

Hiebspuren
- „Hack"malen
- Widerstand erfahren
- Puls, Niederschlag

Kreuz
vertikal
- Erfassen der Schwerkraft
- Aufrichten
- Bodengefühl

horizontal
- Tastlinien
- Richtungslinien, zurückgelegter Weg

Kasten
- Raum- und Bodengefühl

Zickzacklinie
- Hemmung der Bewegung
- Gehbewegung (Auf-Ab)

2. Assoziationsphase – Bild-Deutungsphase

Erste Kritzelzeichnungen, die die Kinder selbst deuten als: Sonne, Gesicht, Engel, Reiter, Haus, Mäuse.

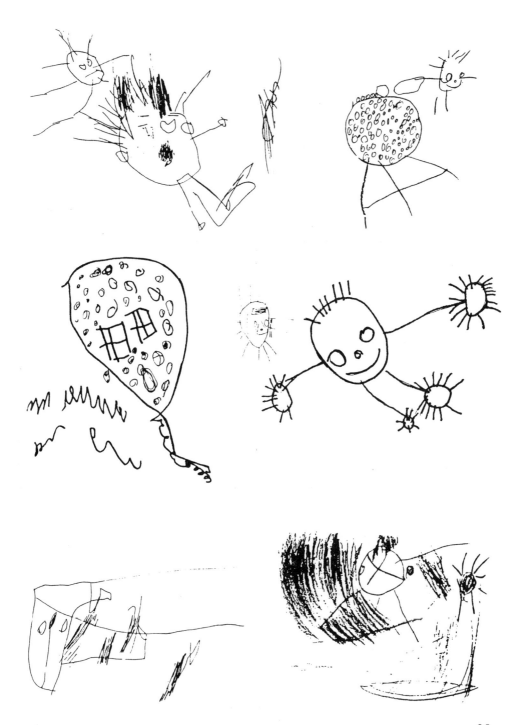

3. Phase des kindlichen Realismus – Bildschrift

Das Kind malt, was es weiß und wie es sich die Dinge vorstellt.

Gegenstandsmalen
- schmückendes Malen
- Ausdifferenzierung
- Profilansicht

Flächengestaltung
- Perspektive (Groß-Kleindarstellung nach Wichtigkeit)
- Streubild
- Bodenstrichbild
- Simultanbild
- Röntgenbild

4. Phase des visuellen Realismus – kritisches Sehen

Das Kind vergleicht die gesehene Realität mit der eigenen Darstellung. Es erfaßt räumliche Darstellung.

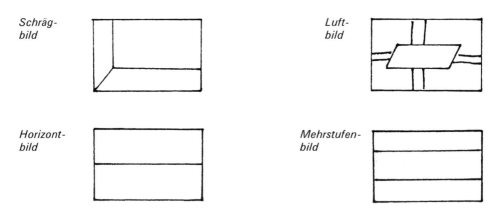

Schräg-
bild

Luft-
bild

Horizont-
bild

Mehrstufen-
bild

Florians Autos und Trecker

In vielen Büchern wird neben der Entwicklung der Menschfigur, Haus, Baum oder Tier als Entwicklungsreihe dargestellt. Daß die elementare Zeichenentwicklung sich aber schon nach dem richtet, was dem Kind wichtig ist, möchte ich an einer Entwicklungsreihe von Florian aufzeigen.

Wir leben in einer Gesellschaft, in der das Kind vom Säugling an im Auto gefahren wird, und die Straßen, in denen es mit der Mutter spazieren geht, von parkenden Autos gesäumt sind. Ist es nicht verwunderlich, daß der erste Kreis, den das Kind von sich aus deutet, zum Autoreifen wird? Neben der Entwicklung der Menschfigur setzt bei Florian sofort die Entwicklung des Autos ein. Florian ist sicher keine Ausnahme. Durch die Darstellung seiner sehr vollständig erhaltenen Zeichnungen wird deutlich, wie weitreichend das Auto in unserer Kultur die Entwicklung der Kinder mitbestimmt. Die Erzieherin hat die Möglichkeit, Kinderzeichnungen besser zu verstehen und dem Kind dadurch in seiner Entwicklung gerecht zu werden.

① 2,5 Jahre — F. malt ein Urknäuel. Es ist das rotierende Raumgefühl. Im geschlossenen Kreis erfaßt er den Raum. Die Linie verbindet zwei Kreise. Es ist die Richtungslinie (F. geht an parkenden Autos vorbei).

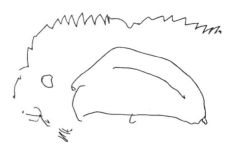

② F. hat einen Gegenstand geschaffen. Die Zickzacklinie zeigt F.s Gehbewegung, auf — ab, Schritt für Schritt.

③ 3 Jahre — F. hat sein Auto geschaffen. Er verbindet drei Grunderlebnisse: die Spirale als Räder, der Kasten als Raum- und Bodengefühl, das Kreuz, die Verbindung von Schwerkraft und Tast- und Richtungslinien.

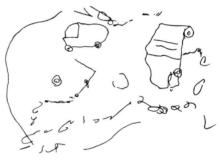

④ F. erprobt seine Erfahrung. Das Auto zeigt den Mittelpunkt des Reifens. Die senkrechten Linien zeigen die Schwerkraft und F.s Bodengefühl. Die Fahrtbewegung ist spiralförmig angelegt.

⑤ 3,2 Jahre — F. zeigt Interesse am Trecker, Kreis und Raumverbindung, Tastlinien. Die Lage der Fahrzeuge ist schwebend, aber sie sind im Raum eingegrenzt. Florian malt sich selbst als Kopffüßler. Kopf als Kasten, aufgerichtet mit Tastlinien. Der kleine Trecker zeigt einen Menschen mit Steuerarm. Die Räder zeigen die rotierende Fahrbewegung.

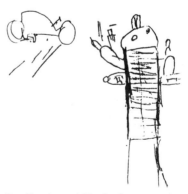

⑥ Der Trecker erhält ein Steuer und einen Tank. Der Mensch wird durch Raumerfassung vervollständigt. Arme und Hände in zweifacher Ausführung zeigen F.s Freude an der Entdeckung der Handlungs„werkzeuge".

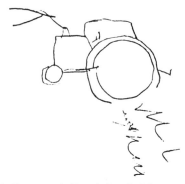

⑦ Bagger mit Frontlader, Anhänger-
kupplung, Lenkrad, Kotflügel, Bewe-
gungslinien der Vor- und Zurückbewe-
gung.

⑧ Ein Bus. Technische Einzelheiten. Der
Mensch ist wichtig zur Bedienung des
Lenkrades und Gaspedals, aber erhält
kein eigenes Raumgefühl. Fenster wer-
den in Spiralform dargestellt, Sitze in
Kastenform.

⑨ 5 Jahre – F. wird sich seines Körpers
bewußt. Füße, Hände mit Fingern,
Geschlechtsteil, Mund mit Zähnen,
Augen mit Augenbrauen. Das Ausmalen
als schmückendes Element steht im
Vordergrund. Der Trecker hat Lampen
und ist angemalt.

⑩ Der Funktionsmechanismus steht im
Vordergrund: Kabel, Licht, Tritt, Lenkrad,
Schaltung. F. zeigt Be- und Entladung.

⑪ 6 Jahre – Ein Bodenstrichbild. Gras,
Sonne, Himmel in den entsprechenden
Farben. Blume und Trecker zeigen die
kindliche Perspektive. Größenverhältnis
unwichtig. Kritzel- und Hackspuren.
Trecker vollständig, farbig. Die Räder
zeigen Rotationsstriche. Zahlenbewußt-
sein wird gezeigt.

⑫ Bodenstrichbild einfarbig. F. zeichnet
den Trecker mit allen technischen Einzelheiten. Die Freude an der Schrift
erwacht.

⑬ Röntgenbild. F. gibt Einblick in die Reparaturwerkstatt. Das Auto auf der Hebebühne zeigt er in Frontansicht. Schilder finden seine besondere Beachtung.

⑭ Horizontbild. F. führt die Straße auf einer Mittellinie fort. Die Trecker hinterlassen tiefe Spuren. Der Baum ist klein, weil er für F. unwichtig ist.

⑮ 7 Jahre – Mehrstufenbild. Straßen sind als Luftbild mit Zebrastreifen, Mittelspur und Treckerspur gezeichnet. Der Trecker wird in Frontansicht erprobt, der Treckerfahrer im Profil.

⑯ Mischbild. Bodenstrichbild zur Darstellung des Hauses, die Autostraße als Horizontdarstellung.

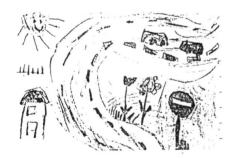

⑰ Mischbild farbig. Bodenstrichbild für das Schild, die Mülleimer- und Hausdarstellung. Gartenzaun als Horizontdarstellung. Die Blumen und Fahrzeuge stehen trotz Raumverlegung senkrecht. Die Straße ist als Luftbild angelegt.

⑱ 7,6 Jahre – Mehrstreifenbild. F. erprobt die Perspektive. Die Straße mit Fußspuren entspricht einer Schrägbildanlage, ebenso der Spielplatz. Sonne und Wolken liegen tiefer als Straße und Berge. Die Figuren der fröhlichen Urlaubsfamilie zeichnet er mit Ansätzen zur Überschneidung.

Die praktische Arbeit mit Kindern

Die zeichnerische Entwicklung vollzieht das Kind im wesentlichen aus eigenem Antrieb, sie unterliegt der natürlichen Entwicklung. Trotzdem können die Erwachsenen den Gestaltungstrieb eines Kindes in den ersten Lebensjahren wesentlich beeinflussen. Die Eltern tun es oft unbewußt durch eigene Tätigkeiten, durch Beruf und Freizeitbeschäftigungen. Wenn Eltern selbst viel mit Schreibwerkzeugen oder gar Zeichengegenständen hantieren, wird ein Kind durch seinen Nachahmungstrieb frühzeitig die Welt der selbstgemalten Bilder erobern. Das Kind braucht aber vor allem verständige Erwachsene, die durch ihr Wissen um die Entwicklung eine fördernde Umgebung schaffen und mit Geduld und Wachsamkeit das Handeln des Kindes begleiten. Dies gilt sowohl im Elternhaus als auch in Kindergarten, Hort und Schule.

Zu einer anregenden Atmosphäre gehört die bewußte Gestaltung des Raumes (Mahlke/Schwarte 1991). So wie Puppenecke und Bauteppich gehört in jeden Kindergarten- und Hortraum ein Gestaltungsbereich, der mit besonderer Sorgfalt ausgestaltet sein sollte. Auch bei der Neugestaltung im Grundschulbereich muß diesem Gebiet mehr Bedeutung durch eine bessere Raumgestaltung beigemessen werden.

Die Abtrennung kann zweckmäßig durch Regale erfolgen, in denen die Materialien für die Kinder frei zugänglich bereitstehen. Eine Unterteilung für Mal-, Druck- und Klebearbeiten wäre dabei sinnvoll. Für alle Arbeitsbereiche ist ein uneingeschränkter Vorrat an Papier Voraussetzung. Dies muß nicht immer hochwertig und teuer sein. Es gibt so viel Verpackungsmaterial, das, auseinandergeschnitten, unbedruckte Rückseiten enthält. Darauf können Kinder gut malen. Auch Kartons eignen sich gerade in der ersten Kritzelphase als Malgrund, da sie dem Kind mehr Widerstand bei seinen noch ungelenken Malexperimenten leisten. Daneben müssen für die jeweiligen Techniken saugfähiges und weniger saugfähiges Papier und viele Sorten Buntpapier zur Verfügung stehen.

Der Malbereich liegt am nähesten zum Wasseranschluß. Er enthält ein ausreichendes Angebot an dicken und dünnen Mal- und Zeichenstiften, sowie Fingerfarben. So können die Kinder ihrem Temperament und ihrer Stimmung entsprechend mit kräftigeren oder zarteren Linien gestalten. Paletten mit Deckfarben, verschieden starke Borsten- und Haarpinsel stehen für erste Malversuche und Farberfahrungen mit Flüssigfarben zur Verfügung. Die Wasserbehälter sollten durchsichtig sein, denn gerade beim Ausspülen des Pinsels erfahren die Kinder nebenbei Farbmischungen, sie erleben Aufhellungen der Farbe durch Wasser und erfassen selbst den Zeitpunkt zum Wasserwechsel. Mit schmutzigem Wasser wird kein Pinsel sauber. Gleich neben dem Naßbereich liegen Unterlagen, Reinigungs- und Tuschlappen, sowie Schürzen und Kittel zur selbständigen Benutzung durch die Kinder. So wird die Handhabung dieser Dinge für sie zur Gewöhnung.

In der Druckabteilung könnte der Erwachsene ein Krimskrams-Regal anlegen. Es enthält sogenanntes „wertloses" Material für die verschiedensten Drucke, wie

Materialregal für eine Gestaltungsecke

Malabteilung	Druckerabteilung			Klebeabteilung
− weiche Bleistifte (HB−4B) − Fingerfarben − Wachsstifte, -blöcke − Buntstifte − Filzstifte − Deckmalfarben − Temperafarben − diverse Borstenpinsel − diverse Haarpinsel − Wassergläser	− Plakafarbe − Japan-Aqua − Druckwalzen − Resopalbretter			− Scheren − Alleskleber − Tapetenkleister − Klebepinsel − Klebeschälchen
	Krimskram-Regal			
− einfaches Malpapier (Din A4) − feste Papiere zum Tuschen (Din A3)	Korken	Knöpfe	Perlen	− Tonpapiere − Buntpapiere − Illustrierte − Seidenpapier − Tapeten
	Deckel	Ringe	Dosen	
	Federn	Hölzer	Streichholzschachteln	
	Pappen			

Korken, Deckel, Verschlüsse, Knöpfe, Pappe und Papprollen, Styropor und Styrenereste, Wolle, Kordel, Schnüre und vieles andere mehr. Hier können die Kinder Materialien für ihre Drucke finden, sie werden aber auch zum Sammeln und Wertschätzen der Gegenstände aufgefordert. Ordnungssinn und Wahrnehmung entwickeln sich, wenn sie die gesammelten Dinge zuordnen. Weiter finden die Kinder im Regal Druckwalzen, Resopalplatten, Japan-Aqua, Holzstäbchen, Pappstreifen und -ringe zum Gestalten von Druckplatten.

Im Regal für Klebearbeiten finden die Kinder neben vielen Buntpapieren, Zeitschriften, Prospekte, Scheren, Klebstoffnäpfe und Pinsel, sowie Alleskleberflaschen. Nur wenn wir Kindern eine reiche Auswahl an Materialien anbieten, können sie unterschiedliche Aussagen machen und dem Erwachsenen Informationen über ihre Denkvorgänge und ihr Gefühlsleben geben.

Der Raum für bildnerisches Gestalten sollte groß genug sein, daß neben dem Arbeiten am Tisch auch großflächiges Arbeiten am Boden möglich ist. Auch das Vorhandensein einer Staffelei und Wandtafel ist für großflächiges Malen und Beidhandmalen wichtig. Selbstverständlich ist, daß der Raum gutes Licht hat und belüftet werden kann.

Neben diesen äußeren Gegebenheiten kommt es jedoch auf das pädagogische Verhalten des Erwachsenen an, ob die Kinder Freude an kreativer Entfaltung entwickeln. Die Erzieherin/Lehrerin, die professionell mit Gruppen arbeitet, sollte bei einer angemessenen Gruppenstärke in der Lage sein, das freie Malen und Gestalten ebenso zu beobachten und pädagogisch zu lenken wie andere Spielformen der Kinder auch. Zur Entwicklung der Kinder gehört, daß sie selbst experimentieren und so Gegenstände und deren Eigenschaften erfahren. Über Versuch und Irrtum kommt es zum instrumentellen Lernen. Durch das freie Angebot der Materialien fördert der Erwachsene diesen Prozeß. Ist das Kind mit seinen selbstgefundenen Ergebnissen zufrieden, wird es von sich aus die Arbeiten wiederholen. Durch angemessenes Lob und teilnehmende Freude unterstützt die Erzieherin/Lehrerin die Wiederholung und weitere Experimentierfreudigkeit. Daneben muß sie aber auch gezielte Angebote in Einzel- und Gruppenarbeit machen. Kinder lernen durch Nachahmung, wobei die Beziehung zwischen Kind und Erwachsenem wichtig ist. Zwischen Vormachen und Nachmachen, zwischen Anleitung und freiem Experimentieren muß die Erzieherin/Lehrerin ein ausgewogenes Verhältnis herstellen und dem Kind zusätzlich Trainingsmöglichkeiten für die erworbenen Fähigkeiten schaffen. Durch das Angebot von Geschichten, Bilderbüchern und Exkursionen vermittelt sie den Kindern Inhalte, mit denen sie sich beim bildnerischen Gestalten auseinandersetzen. Sie gibt Anregungen, Aufforderungen und Ermunterungen, aber sie drängt das Kind nicht.

In einer freien, harmonischen Atmosphäre entstehen kindliche Werke, die bei positiver Verstärkung das Selbstwertgefühl des Kindes wachsen lassen. Wertschätzung zeigt der Erwachsene dem Kind, wenn die Arbeiten ernstgenommen werden und nicht achtlos in der Schublade verschwinden. Nicht jede Zeichnung zeigt das höchstmögliche Können des Kindes, aber sie zeigt, schnell hingeschmiert, eine momentane Verfassung des Kindes, die es zu respektieren gilt. In der Phase des kindlichen Realismus können die Kinder innerhalb eines Gesprächskreises ihre Bilder untereinander vorstellen. So lernen sie gegenseitig die zeichnerischen Aussagen zu verstehen und erfahren selbst neue Möglichkeiten der Darstellung. Auch das Aufhängen im Raum ist Wertschätzung durch den Erwachsenen, und die Kinder erleben die schmückende Wirkung im Raum. Kinder lernen voneinander. Sie sind aber auch störbar und ablenkbar.

Die Erzieherin übernimmt eine Schutzfunktion, damit sich jedes Kind in Ruhe entfalten kann. Sie weiß, welche Kinder sich gegenseitig stören und lenkt die Spielgemeinschaften, indem sie sich z. B. zu den Kindern setzt und mit ihnen über die Bildinhalte spricht. So können sich konstruktive Partnerschaften bilden. Neben vielfältigen Anregungen lassen die älteren Kinder, ob Freund oder Geschwister, den jüngeren häufig zu wenig Zeit zur Eigenentwicklung. „Ach, was kritzelst du denn da?" ist eine Äußerung, die zeigt, wie negativ die ersten, emotional gesteuerten Strichführungen der Kleinen bewertet werden. Zu früh drängen Geschwister, auch Erwachsene, die Kinder zur Interpretation ihrer Zeichnungen. Die Deutung ist dann vom Erwachsenen gewollt, die Sprache verdinglicht die Gebilde der Kinder, von denen sie sich selbst noch nicht gelöst haben. Die Pädagogin muß sich immer wieder zurücknehmen und Eltern diesen Entwicklungsprozeß entsprechend erklären. Sie muß die anderen Kinder zurückhalten, denn wenn das kleine Kind seinen Weg nicht alleine gehen darf, wird es zu früh in die Phase des kritisch-realistischen Gestaltens gedrängt. Das bedeutet, daß das Kind sehr früh zum rationalen Denken und Analysieren angehalten wird, seine Bilder werden zu früh der Wertung ausgesetzt. Es wird daran gehindert, seine seelischen Urerlebnisse auszudrücken und wird frühzeitig aufhören, seine Phantasien in Bildern darzustellen. Ein wichtiges Kommunikationsmittel der frühen Kindheit geht verloren.

Kinder möchten in ihren Bildern Eindrücke verarbeiten. Es geht nicht um entstehende Kunstwerke, um das fertige Produkt, sondern um den Weg der Auseinandersetzung. Das entstehende Bild ist dabei ein unumgängliches Ergebnis. Mit dem

Schulalter erlernen die Kinder andere Ausdrucksmöglichkeiten durch die Schrift, das visuell-realistische Denken nimmt zu, die spontane Gestaltungsfreude ab. Neue Materialangebote machen den Kindern Freude und regen sie zu weiterem kreativen Schaffen an. Wichtig ist, daß in der Schule diese Tätigkeit gleichbedeutend neben anderen Fertigkeiten weiterentwickelt wird. Die Erzieherin/Lehrerin wird durch gute Beobachtung situative Ansätze zur Themenwahl finden. Durch ihre Kenntnisse der zeichnerischen Entwicklung weiß sie, daß die Kinder in diesem Alter mehr Führung durch überlegte Aufgabenstellung, Impulse und Anregungen brauchen. Die Kinder möchten jetzt zu einem Endprodukt gelangen, das der Realität weitgehend entspricht. Die Erzieherin/Lehrerin nutzt das Angebot an Drucktechniken und Farbspielen, in die Kinder etwas hineininterpretieren können. Sie regt die Kinder an, entstehende Farbeffekte und Strukturerscheinungen in eine eigene Gestaltung einzubeziehen.

Bei einer gezielten Führung durch den Erwachsenen machen Kinder umfangreiche Materialerfahrungen und lernen den Umgang mit verschiedenen Darstellungsmöglichkeiten. Durch die erzielten Erfolge wächst beim Kind das Selbstwertgefühl, und die Freude am bildnerischen Gestalten bleibt erhalten.

Welche Faktoren fördern bzw. stören den schöpferischen Prozeß?

Kreativitätsfördernde Faktoren:

- Ruhe
- Zeit
- Bewegungsfreiheit
- Licht und Frischluft im Raum
- ausreichend Material: Stifte, Farben, Papier
- Phantasieanregende Materialien: Blätter, Federn, Stoffe, Bordüren, Korken, Schachteln, Deckel, Knöpfe
- Möglichkeit zum Experimentieren geben
- ausgewogenes Maß an Neuanregungen und Zeit zur Wiederholung und Vertiefung von Techniken
- keine lästigen Fragen: „Was ist das?"
- keine Erwachsenenkorrekturen in Kinderarbeiten
- Schutz vor Störfaktoren geben: Fernsehen, Unruhe, Negativkritik älterer Kinder
- Einfühlungsvermögen
- Lob und Anerkennung
- Wertschätzung der Arbeiten
- Neugierde wecken und wachhalten
- eigene Motivation
- inhaltliche Anregungen geben durch Geschichten, Bilderbücher, Exkursionen
- Vorstellen eigener Arbeiten im Gesprächskreis
- Gestaltungsanregungen geben.

Kreativitätshemmende Faktoren:

- Unruhe
- zu wenig Platz
- Überangebot an Spielsachen
- kein oder ungeeignetes Material zum Gestalten
- vorgegebene Ausmalbücher und Schablonen
- Vormalen älterer Kinder und Erwachsener
- zu viele Fragen nach Bedeutung
- festhalten an alten Ordnungsideen, zu viel Lenkung
- zu wenig freier Umgang mit Materialien nach eigenem Antrieb.

Ist Arbeiten mit Schablonen kreativitätsfördernd?

Was erleben Sie, wenn Ihnen in jedem Geschäft dieselbe Dekoration entgegenstrahlt? Sie schauen nicht mehr hin, Sie nehmen sie nicht mehr wahr. Genauso ist es, wenn der Erwachsene den Kindern Schablonen vorgibt und alle denselben Baum, dieselbe Blume, den Wichtel, Osterhasen oder Pinguin nachmalen, schneiden oder kleben. Sie denken nicht mehr selber, sondern handeln nach Fremdvorgabe. Im weiteren Leben brauchen die Kinder aber Kreativität, um Probleme selbst zu lösen und keine Denkschablonen oder Gestaltungsdiktate. Schablonen sind vorgegebene Formen aus Pappe, Papier, Metall oder Holz zum wiederholenden Auftrag eines Musters. Bei verschiedenen grafischen Techniken, z. B. „Die farbige Zahnbürste", „Rollenspiele", „Schattenspiele", sind Schablonen absolut berechtigt — immer dann, wenn die einzelne Figur in neue Formenzusammenhänge gebracht wird.
Wesentlich für den positiven Gebrauch ist, daß die Schablone vom Kind selbst hergestellt wird. Sie gehört zum Gestaltungsprozeß dazu. Abzulehnen sind die vom Erwachsenen vorgegebenen Schablonen. Sie werden häufig eingesetzt, wenn die Kinder selbst die Form angeblich noch nicht gestalten oder wenn Unterteilungen von ihnen noch nicht logisch nachvollzogen werden können. Der Erwachsene berücksichtigt also den Entwicklungsstand der Kinder nicht. Es geht ihm mehr um die Darstellung eines Endproduktes, an das besondere Ansprüche gestellt wird, als um den eigenständigen Weg der Erarbeitung. Als Rechtfertigung wird das Schneidetraining genannt. Schneiden kann ein Kind aber auch trainieren, wenn es bunte Papiere und Stoffe nach eigenen Vorstellungen ausschneidet und aufklebt. Die Entwicklung ist dieselbe wie beim Zeichnen. Gibt der Erwachsene Schablonen vor, greift er genauso in den Entwicklungsprozeß ein, wie wenn er Kinderzeichnungen ergänzt. Die Kinder erleben sonst Vereinheitlichung, wo sie Vielfalt erfahren sollten, sie werden in ihrer eigenen Erfindung von Formen gehindert. Statt Individualität entfaltet sich uniformes Denken. Gelingt das Schneiden der vorgegebenen Schablonen weniger gut, ist durch die Vergleichsmöglichkeit ein Mißerfolg vorprogrammiert, während sich beim Schneiden nach eigenen Vorstellungen und bei Anerkennung des Entstandenen, Selbstwertgefühl entwickelt. Gerade die Pädagogin sollte hier bei den Eltern besondere Aufklärungsarbeit leisten.
Unzählige Schablonen werden durch Bastelbücher in Umlauf gebracht, man braucht nur an die Fenster der Wohnungen zu schauen, wie ein Fensterbild dem anderen gleicht. Schablonen nachzuschneiden hat aber nichts mit Kreativität zu tun und bringt Kinder in ihrer Entwicklung nicht weiter.

Planung von Beschäftigungen im bildnerischen Bereich

Didaktische Analyse

Die Erzieherin/Lehrerin gibt den Kindern die Möglichkeit zum bildnerischen Gestalten. Bevor es losgeht, wird sie die Kindergruppe beobachten und danach planen. Sie kennt Fähigkeiten und Fertigkeiten der Kinder und wählt Materialien, Techniken und Themen nach Alter, Entwicklungsstand und Gruppengröße aus. In Kindergarten und Hort bestehen Möglichkeiten zur Kleingruppenarbeit. Die Erzieherin kann während des Freispiels Angebote machen, durch die sie in kleinen Gruppen das einzelne Kind anregt und ihm Hilfestellung gibt. Auch in der Schule sollte die Lehrerin sich bemühen, neben einer Aufgabe für alle, mit kleinen Gruppen neue Techniken einzuführen, damit die Kinder den Umgang mit Werkzeug und Gestaltungsmitteln sachgerecht erlernen und vertiefen.

Die Erzieherin/Lehrerin erfaßt durch Beobachtung, mit welchen Themen und Techniken sie die Kinder begeistern kann, denn wie wir alle wissen, entstehen durch Motivation die besten Arbeiten. Über die vermittelte Technik hinaus wird sie sich bemühen, durch Impulse, Hinweise und Anregungen die Phantasie der Kinder zu wecken. Im Mittelpunkt ihrer Planung sollte sie immer das Kind mit seinen Gefühlen Vorstellungen und Interessen sehen.

Die Erzieherin/Lehrerin möchte die Kinder zielorientiert lenken. Dies wird ihr aber nur gelingen, wenn sie zwischen den Kindern und sich eine Bezugsebene herstellen und die Kinder für einen handelnden, geistig-kreativen Gestaltungsprozeß motivieren kann. Durch ihr didaktisch-methodisches Wissen ermöglicht sie ihnen, selbständig an der Gestaltung ihrer Umwelt mitzuwirken. Die Skizze auf Seite 36 soll das Lehr- und Lernverfahren beim bildnerischen Gestalten verdeutlichen.

Für die didaktische Analyse muß sich die Erzieherin/Lehrerin mit folgenden Punkten beschäftigen:

1. Zielstellung

— Welche Fähigkeiten und Fertigkeiten will die Erzieherin/Lehrerin fördern?
— Welche Vermittlung soll im Vordergrund stehen, Technik, Thema, Gestaltung, soziales Miteinander?
Welche Vorstellungen und emotionalen Kräfte sollen geweckt werden?

Die Erzieherin/Lehrerin kennt die Kinder ihrer Gruppe/Klasse und macht sich Gedanken, mit welchen Angeboten sie die schöpferischen Kräfte wecken und stabilisieren kann. Sie sollte es verstehen, unterschiedliche Gestaltungstechniken nach verschiedenen Gesichtspunkten an die Kinder heranzubringen und sich der

Lehr- und Lernverfahren beim bildnerischen Gestalten

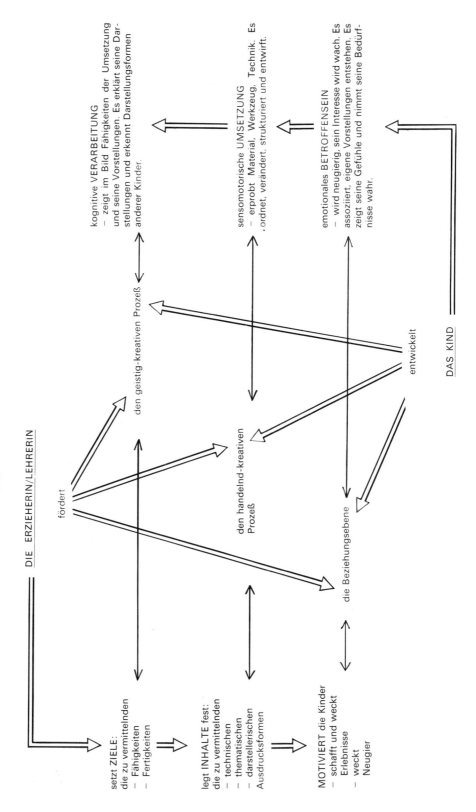

DIE ERZIEHERIN/LEHRERIN

setzt ZIELE:
die zu vermittelnden
– Fähigkeiten
– Fertigkeiten

legt INHALTE fest:
die zu vermittelnden
– technischen
– thematischen
– darstellerischen
Ausdrucksformen

MOTIVIERT die Kinder
– schafft und weckt
Erlebnisse
– weckt
Neugier

fördert

den geistig-kreativen Prozeß

den handelnd-kreativen
Prozeß

die Beziehungsebene

entwickelt

DAS KIND

kognitive VERARBEITUNG
– zeigt im Bild Fähigkeiten der Umsetzung
und seine Vorstellungen. Es erklärt seine Darstellungen und erkennt Darstellungsformen
anderer Kinder.

sensomotorische UMSETZUNG
– erprobt Material, Werkzeug, Technik. Es
ordnet, verändert, strukturiert und entwirft.

emotionales BETROFFENSEIN
– wird neugierig, sein Interesse wird wach. Es
assoziiert, eigene Vorstellungen entstehen. Es
zeigt seine Gefühle und nimmt seine Bedürfnisse wahr.

36

jeweiligen Wirkungsweise bewußt zu sein. Bei vielen Techniken und Themen können die Kinder Erlebnisse, Inhalte aus Geschichten und Märchen darstellen. Sie leben dabei ihre Phantasien aus, stellen ihre Wünsche dar und verarbeiten Ängste. Andere Techniken dienen der Kenntnisvermittlung, der bewußten Wahrnehmung. Die Erzieherin/Lehrerin trägt dazu bei, daß neue Fähigkeiten erlernt, vorhandene erhalten bleiben und ausdifferenziert werden. Sie überlegt, ob die Kinder Konzentration oder Entspannung brauchen und sorgt für entsprechende Angebote. „Spiegelbilder", „Kleisterfix" oder „Pustewind" sorgen für Entspannung, „Tupfenspiele" oder „Seiltanz des Elefanten" verlangen volle Konzentration von ihnen. Dafür muß sie den Förderungsgehalt der jeweiligen Technik kennen. Sie erfaßt den Zeitpunkt für Neuanregungen und weiß durch ihre Kenntnisse über den Gruppenprozeß, wann Einzel-, Partner- oder Gruppenarbeit pädagogisch wirksam sind. So kann sie Selbstwertgefühl, Arbeits- und Sozialverhalten der Kinder erfolgreich fördern.

2. Auswahl des Themas

— Entspricht das Thema dem Entwicklungsstand und Erfahrungsbereich des Kindes?
— Welche Bedürfnisse, Interessen und Vorstellungen der Kinder lassen sich durch das Thema befriedigen?
— Dient es der Wirklichkeitsbewältigung oder der seelischen Verarbeitung?
— Beherrschen die Kinder manuelle Fertigkeiten zur Umsetzung des Themas?
— Will die Erzieherin/Lehrerin ein freies Malthema oder ein stark an die Technik gebundenes graphisches Thema an die Kinder heranbringen?
— Wie motiviert die Erzieherin/Lehrerin die Kinder für das Thema?

In den frühkindlichen Kritzel- und Bilddeutungsphasen beobachtet die Erzieherin die 3—4jährigen und wartet ab, was die Kinder selbst erzählen. Im Vorschulalter malen die Kinder sich selbst und Gegenstände, die sie interessieren. Sie malen Erlebnisse aus ihrem unmittelbaren Umfeld, Familie, Haus, Garten, Straße, Kaufmann. Eine Handlung wird durch die Person und den Gegenstand wiedergegeben. Geht das Kind Enten füttern, malt es z. B. sich selbst, die Begleitperson und ein vogelähnliches Tier, die Ente. Hat ein Hund besonders Eindruck auf das Kind gemacht, malt es vielleicht eine Weile vierbeinige Wesen, die einen Hund darstellen sollen. Autos und besondere Fahrzeuge, wie Müllwagen und Baufahrzeuge erregen die Aufmerksamkeit des Kindes; es malt, was es darüber weiß. Ein Stranderlebnis, Zoobesuch oder Kasperlespiel wird im Bild nacherlebt.
Die Malfreude der Kinder ist unterschiedlich. Die Erzieherin versucht, sich ein Bild vom Lebensraum der Kinder zu verschaffen, um durch entsprechende Themenimpulse die Kinder zu motivieren. Sie selber führt sie an Erlebnisse heran, liest Geschichten vor und regt durch interessante Techniken die Kinder an, den Inhalt im Bild selbst zu gestalten. Das Lebensumfeld der Hort- und Schulkinder erweitert sich. Ihre selbständigen Unternehmungen auf der Straße, dem Schulweg, auf dem Sportplatz und in Musik- oder anderen Interessensgruppen führen die Kinder an neue Erfahrungen heran. Sie erleben Handlungen und Beziehungen zwischen anderen Menschen und können diese in der Zeichnung darstellen. Die Erzieherin/ Lehrerin kann nun die Themen auf diese Handlungsszenen abstimmen, bei denen die Kinder auch ihre Raum- und Bewegungsvorstellungen anwenden können. Fußballplatz, Jahrmarkt, stürmisches Meer, Straßenkreuzung sind solche Themen.

Der visuelle Realismus bahnt sich an. Die Erzieherin/Lehrerin kann jetzt durch Beispiele und Erklärungen auch technisch Hilfe zur Raumgestaltung geben.

Die Motorik des Kindes ist differenziert, so daß es Feinheiten an Gegenständen wiedergeben kann. Durch Techniken, z. B. Materialdruck, in denen Materialstruktur sichtbar wird, kann die Erzieherin/Lehrerin den Blick auf Feinheiten lenken. Mauersteine, Dachziegel, Adern in Blättern, Fischschuppen, Vogelfeldern, Pullover mit Mustern, machen deutlich, wie die Kinder fein strukturieren können und somit Naturwissen, aber auch schmückende Elemente anwenden.

Die Kinder sind im Grundschulalter auch in der Lage, Bilder herzustellen, bei denen in mehreren Phasen gearbeitet werden muß. Die Erzieherin/Lehrerin regt zu Farbspielen an, z. B. Kullerfarbe, Kleisterwanne oder Klatsch-Patschbilder. Es entstehen gemusterte Papiere. Die Kinder schneiden einzelne Figuren aus und setzen sie zu einer Collage wieder zusammen. Grundtechnik und Weiterverarbeitung müssen zu einem sinnvollen Ganzen führen, wie z. B. bei der Schuhcremebatik einzelne Obststücke zu einem Obstkorb gestaltet werden. Natürlich wiederholen sich Themen in den verschiedenen Altersstufen. Die Kleinen malen ein Auto, die Großen die Straßenkreuzung oder eine Waschstraße. Die Kleinen malen einen Ball, die Großen Strandspiele mit dem Ball oder einen Fußballplatz. Am Beispiel Haus zeigt W. Böhm (1988, S. 33) auf, wie sich an einem Thema mit unterschiedlicher Aufgabenstellung bildnerisches Gestalten entwickeln kann. Ein Haus kann historisch, bautechnisch, stilkundlich betrachtet und mit emotionaler Stimmung verbunden werden.

„Erst die genaue Festlegung auf begrenzte Bildprobleme macht das Thema ‚Haus‘ zum Ausgangspunkt bildnerischer Denkprozesse:

Grafisch: *Erfinden von Strukturen für Mauerwerk, Ziegel, Rauhputz.*

Malerisch: *Rotes Haus, unheimliches Haus, Ruine, Schloß des Wassermanns.*

Ordnend: *Straßenkreuzung, Marktplatz, mittelalterliche Stadt.*

Räumlich: *Überschneidung, Verdeckung, Tiefenschräge.*

Dekorativ: *Bemaltes Bauernhaus, Backsteinhaus, Fachwerk usw.“*
   (Böhm 1988, S. 33)

Ordnen wir Böhms Übersicht den Altersstufen zu, so steht beim Vorschulkind der malerische Aspekt im Vordergrund, beim Schulkind der 1. und 2. Klasse entwickeln sich neben den dekorativen, die ordnenden Gesichtspunkte, im 3. und 4. Grundschuljahr die grafischen und räumlichen. Wie aber schon an anderer Stelle gesagt, lassen sich vorgenommene Unterteilungen nicht abgrenzen. Die Kinder bedienen sich zum Teil in einem Bild verschiedener Darstellungen.

Themenübersicht

Themenvorschläge für den Elementarbereich (Vorschulkinder):

Selbstbildnis
Familie, Freunde

Spielzeuge:

Auto
Eisenbahn
Schiff
Hampelmann
Puppe, Teddybär
Schaukel

Umwelt:

Häuser
Kaufmann
Markt

Jahreszeitliches:

Masken
Laternen
Sterne
Schneemann
Schneekristalle

Pflanzen:

Bäume
Blätter
Blumen
Blumenstrauß

Tiere:

Schlange, Raupe
Schnecke, Käfer
Schmetterling
Muscheln
Igel
Vogel (nest), Eule, Hahn
(Gold)fisch
Katze
Löwe, Elefant, Giraffe

Märchen:

König, Prinzessin
Kasper, Clown
Gespenster
Wassermann
Rumpelstilzchen
Hänsel und Gretel
Hexe, Hexenhaus
Rattenfänger

Themenvorschläge für den Primarbereich (Hort- und Grundschulkinder):

Meine Familie und ich, Freunde

Spiel und Sport:

Auf dem Spielplatz
Eisenbahnspiel
Abenteuerspielplatz
Rodelpartie
Schlittschuhläufer
Fahrrad-, Pferde-,
    Autorennen
Am Badestrand
Auf dem Fußballplatz,
    Sportplatz
Fußballmannschaft

Technik und Umwelt:

Stadt, Hochhäuser
Burgruine
Tankstelle
Erfinderauto, Roboter
Straßenkreuzung
An der Tankstelle
An der Ampel
Autounfall
Am Flugplatz
Am Hafen

Ozeandampfer,
    Segelschiffe
Am Bahnhof,
    Bahnübergang
Brücken
Raketen, Raumstation
Landmaschinen,
    Baufahrzeuge
Werkzeugkasten

Jahreszeitliches
    Geschehen:

Jahrmarkt
Luftballonverkäufer,
    Eismann
Zirkus
Feuerwerk
Dorf im Frühling
Im Garten, Vogelscheuche
Sommerblumen, Tulpenbeet
Herbstlaub, Früchte
Drachensteigen
Regenspaziergang
König Winter
Nußknacker, Krippe, Engel

Tiere:

Am Fluß
Urwaldvögel
Pfau
Aquarium
Spinnennetz
Tiere im Zoo
Schlangengrube

Märchen:

Kampf der Riesen
Spuk im Schloß
Fabelwesen, Wurzelzwerge
Räuber in Schatzhöhle
Blick in die Hexenküche
Flaschengeist
Der gestiefelte Kater
Peterchens Mondfahrt
Peter und der Wolf
Hänsel und Gretel
Frau Holle, Kasperletheater
Lebkuchen-, Hexenhaus

3. Auswahl der Technik

– Können die Kinder die technischen Anforderungen bewältigen? Material, Werkzeug, aufbauender Schwierigkeitsgrad.
– Haben die Kinder vorbereitende Techniken erlebt? Wenn ja, welche?
– Welche Gefahrenquellen birgt die Technik in sich? z. B. Umgang mit flüssigem Wachs.
– Welche Verantwortung können die Kinder übernehmen?
– Erfassen die Kinder die Materialzusammenhänge?
– Gibt die Technik den Kindern Möglichkeiten, Erlebnisse und Gefühle darzustellen?

Neue Techniken motivieren Kinder und Erwachsene gleichermaßen. Sie wecken die Neugier. Es ist wie ein kleines Abenteuer, auf das sich die Kinder einlassen, mit neuen Begriffen und Erfahrungen. Durch den Umgang mit Werkzeugen und Materialien werden handwerkliche Fertigkeiten erworben und gefördert. Erfahrungen mit neuen Techniken und Materialien sollten aber im Zusammenhang mit der kindlichen Zeichen- und Malentwicklung stehen. Viele Techniken eignen sich bei entsprechender Einführung schon für Kinder im Vorschulalter, andere für die ersten Schuljahre. Wartet die Erzieherin/Lehrerin zu lange, kann auch eine neue Technik allein die Probleme der kritischen visuell-realistischen Phase nicht überbrücken. Wenn es erst einmal zu der Äußerung kommt: „Das kann ich doch nicht, ich kann ja nicht malen", ist es oft zu spät. Die Eigenkritik an den unvollkommenen Zeichnungen im Vergleich zur visuell wahrgenommenen Realität ist groß.
Frühzeitig angebotene Techniken haben für die Kinder Aufforderungscharakter. Materialerfahrung bedeutet Sicherheit, so daß die Kinder frei werden, Phantasie auszuleben, sowohl bei der Materialanwendung als auch im Bildhaften. Die Kinder werden aufnahmebereit für zufällig Entstehendes, sie experimentieren, probieren und manipulieren, so daß ihr Geist ständig aktiv ist. Sie sehen Gegenstände ihrer Umwelt bewußter und erkennen Verwendungs- und Umwandlungsmöglichkeiten. Beim Zeichnen und Malen sitzen die Kinder meistens am Tisch. Wir wissen aber, daß Kinder einen ungeheuren Bewegungsdrang haben. Die unterschiedlichen Techniken kommen diesem Bedürfnis entgegen. Die Kinder holen die verschiedenen Materialien, drucken z. B. im Stehen, arbeiten miteinander, tauschen Dinge aus, sind nicht so auf ihren Platz fixiert. Die Erzieherin/Lehrerin bemüht sich um einen bedürfnisorientierten Wechsel zwischen bewegungsreichen, auflockernden Techniken und an den Platz gebundene, konzentrierte Stillarbeit. Durch einen sinnvollen Wechsel lassen sich weitgehend Mißerfolge ausschließen. Die Kinder brauchen aber auch Zeit, um sich ausreichend mit den Möglichkeiten der Technik auseinanderzusetzen.

Techniken nach Gestaltungsgesichtspunkten

Übersicht

Farbflächengestaltung	Fingerspiele	Baukastenspiele
	Proppentrecker	Bildverdunkelung
Kullerfarbe	Kartoffelkönig	Kerzenzauber
Die farbige Zahnbürste	Krimskram	Schwimmende Farben
Kleisterfix	Doch von Pappe	Aus dem Poesiealbum
Fließende Farben	Oh du dickes Ei	Blumensterne
Kleisterwanne	Blattgeflüster	Wachsstifte lösen sich auf
Brettspiele	Tupfenspiele	Nadelstriche
Zauberzeichen	Gebündelte Bindfäden	Spiegelbilder
Rollenspiele	Kunst mit der Obstpalette	

Bildgestaltung

Die farbige Zahnbürste	Spiel mit Papierfiguren	Geritzter Fußbodenbelag
Fließende Farben	Strickkunst	Bildverdunkeln
Indianerfeder	Zauberzeichen	Schabefaxen
Springende Farben	Fingerspiele	Schattenspiele
Linienzauber	Proppentrecker	Aus dem Poesiealbum
Großmutters Wäscheklammer	Kartoffelkönig	Nicht nur für die Schuhe
Schnipsel in der Tusche	Krimskram	Geheimbilder
Licht und Schatten	Doch von Pappe	Nadelstriche
Bunte Schnipsel	Oh du dickes Ei	Kerzenzauber
Der Sandwurm	Blattgeflüster	Blumensterne
Nasenreiter	Tupfenspiele	Seiltanz des Elefanten
Sand in Farbsauce	Gebündelte Bindfäden	Schmutziger Tisch
Brettspiele	Kunst mit der Obstpalette	Rollenspiele
	Baukastenspiele	Kunterbunte Klebstofftube

Interpretationsgestaltung

	Fingerspiele	Kleisterwanne
Indianerfeder	Krimskram	Wachsstift löst
Spiegelbilder	Schwimmende Farben	sich auf
Pustewind	Fließende Farben	

Zusammensetzende Gestaltung

	Nasenreiter	Geheimbilder
	Fingerspiele	Wachsstifte lösen
Seiltanz des Elefanten	Propentrecker	sich auf
Schnipsel in der Tusche	Kartoffelkönig	Kullerfarbe
Zeitungsteufel	Krimskram	Bunte Schnipsel
Indianerfeder	Schattenspiele	Spiegelbilder
Kleistermann	Nicht nur für die	Strickkunst
Großmutters Unterrock	Schuhe	

Vorbereitung

Nach der Vorplanung beschäftigt sich die Erzieherin/Lehrerin mit der Vorbereitung. Hat sie selber Freude an der neuen Technik und deren Bedeutung für die Kinder erkannt, wird sie den Aufwand für Materialbeschaffung und Organisation nicht scheuen, der bei guter Vorbereitung nicht so groß sein muß wie angenommen.

a) Vorbereitung zu Hause

Die Erzieherin/Lehrerin muß die Technik beherrschen, d. h. sie wird sie auf jeden Fall selbst erproben, um Werkzeug und Materialeigenschaften zu kennen. Aus diesen Erfahrungen leitet sie die Aufgabenstellung ab und denkt über den methodischen Einsatz bei den Kindern nach. Sie besorgt die fehlenden Materialien und bereitet den methodischen Ablauf vor. Dabei wird sie besonders überlegen, durch welche Erlebnisse sie das Thema für die Kinder lebendig machen kann.

b) Vorbereitung in Kindergarten, Hort oder Grundschule

Gemeinsam mit den Kindern wird die Erzieherin/Lehrerin nun den Raum vorbereiten und Material bereitstellen, denn nur selten steht ein gesonderter Werk- oder Matschraum zur Verfügung. Die Kinder gewöhnen sich daran, daß Vor- und

Nachbereitung zum Gestaltungsprozeß dazugehören. Natürlich wird die Erzieherin/Lehrerin den Umfang der Mithilfe je nach Altersstufe und Tagesverfassung der Kinder pädagogisch variieren. Im Schulbereich bietet sich auch ein Helfer- oder Ämtersystem an, wenn nicht alle Kinder an den Vor- oder Nachbereitungen beteiligt werden können. Bei guter Vorplanung durch die Erzieherin/Lehrerin haben die Kinder häufiger Erfolgserlebnisse; es kommt zu weniger Pannen, Unruhe oder Leerlauf, und Ärger wird vermieden. Dabei darf die Spontaneität und Improvisationsfähigkeit nicht verloren gehen.

Raum- und Materialvorbereitung

— Tische zusammenstellen oder wegschieben
— Stühle bereitstellen, für Arbeiten im Stehen (z. B. Drucken, Großflächenmalen) wegstellen
— Tischflächen, wenn nötig, abdecken
— Materialtisch und Arbeitsplätze einrichten, Beschaffung aus Schränken und Regalen
— Anrühren von Farben und Klebstoffen, Standgläser für Klebstofftuben bereitstellen
— Materialien in Schüsselchen oder Gläser aufteilen
— Wasserbehälter zurechtstellen
— Herrichten der Papiere
— Schürzen, Kittel und Lappen bereitlegen
— Platz für Bügelbrett, Druckpresse oder Wärmeplatte sichern
— Beim Umgang mit einer Wachskerze (Tropfbatik) Wassereimer und Wolldecke greifbar plazieren
— Lösungsmittel gesichert stellen, gut sichtbar beschriften
— Herrichten von Trockenplätzen zur Ablage für fertige Arbeiten (Trockenleine, Extratisch mit Wachstuch oder Zeitungspapier abgedeckt).

Durchführung

Bevor es losgeht, klärt die Erzieherin/Lehrerin ab, ob in Kleingruppen oder in der Großgruppe gearbeitet werden soll. Ehe die Kinder die Materialien an ihren Arbeitsplatz holen, wird die Erzieherin/Lehrerin mit den Kindern über Motivation, Themenhintergrund und Organisation sprechen. Sie schafft Verbindungen zu vorangegangenen Aktivitäten: Spaziergänge, Sammelaktionen, Museums- oder Ausstellungsbesuche. Die Kinder haben mit der Erzieherin Herbstlaub gesammelt, Muscheln und Sand vom Strandspaziergang mitgebracht, Früchte oder Gemüse auf dem Markt eingekauft, eine Bäckerei, ein Naturkundemuseum oder Stadthistorisches Museum besichtigt. Nach Bilderbuchbetrachtungen, Märchenerzählungen, Geschichten, werden die Figuren und Orte für die Kinder wieder lebendig, sie werden in die entsprechende träumerische oder schaurige Stimmung zurückversetzt, aus der heraus sie beim Gestalten Farbe wählen. Filmvorführungen und Fernseherlebnisse werden angesprochen, damit die Kinder aus dem passiven Konsum zur aktiven Auseinandersetzung mit dem Filmmaterial gelangen. Der Erwachsene führt die Kinder im Gespräch erneut in die Erlebniswelt, läßt sie erzählen, sorgt für Ergänzungen und Richtigstellungen. Die Erzieherin erklärt den Kindern die Handhabung der Werkzeuge, bei den Materialien läßt sie die Kinder frei experimentieren. Sie stellt die Aufgabe für den ersten Arbeitsgang in der Experimentierphase. Jetzt können die Kinder loslegen. Der Einstieg darf nicht zu lange dauern, denn die Energie der Kinder richtet sich auf die praktische Arbeit, und durch Handeln lernen sie am besten. Anregungen für Gestaltungsformen kann der Erwachsene in Einzelhilfe bei Durchführung geben. Den Übergang vom Experimentieren zum Spiel mit den Gestaltungselementen gestaltet die Erzieherin/Lehrerin fließend. Der Spielphase folgt die gezielte Anwendung mit den Ausdrucksmitteln der Technik (siehe Übersicht, S. 44/45).

Kinder brauchen unterschiedlich lange für ihre Arbeiten, und jedes Kind hat seine individuelle Konzentrationsspanne. Im Kindergarten und Hort sollte an einem Tag der Neueinführung von Gestaltungstechniken nichts anderes auf dem Zeitplan stehen, damit die Kinder, so lange sie Freude haben, an ihren Werken arbeiten können. So setzen sie sich mit dem Material intensiv auseinander und leben ihre Vorstellungen und Gefühle aus. In der Schule ist das weitgehend nicht möglich. Die Lehrerin wird aber das Ende rechtzeitig bekanntgeben, damit die Kinder sich innerlich auf den Abschluß einstellen können. Sie muß Zeit für Aufräumarbeiten einplanen. Am Ende der Gestaltungsstunde führt sie mit den Kindern ein Gespräch über den Arbeitsprozeß und die entstandenen Bilder. So wie Sprache sich durch Anreize und Korrekturen ausdifferenziert, erhält das Kind bei der Reflexion seiner Bilder Kenntnis, wie es Emotionen und Erlebnisse ausdrücken und anderen mitteilen kann. Dabei ist es wichtig, daß die Kinder über ihre Bilder erzählen und mit anderen vergleichen. Malen ist mehr als eine Zeichensprache entsprechend der Schrift. Beim Malen kann man sich vielfältig ausdrücken, es gibt aber auch eigene Gesetzmäßigkeiten, die die Erzieherin/Lehrerin den Kindern schon frühzeitig vermitteln sollte.

Einführung	– Anknüpfen an den Erlebnisbereich/ Themenhintergrund – Motivation – Organisationsklärung
Durchführung	– Experimentieren am Material – Einbringen von Gestaltungsformen – Anwendung der Gestaltungsformen mit den Ausdrucksmitteln der Technik
Schluß	– gemeinsames Aufräumen – Reflexionsgespräch – Überlegungen zur Anwendung

Methodisches Vorgehen beim Bildnerischen Gestalten

Die Kinder durchlaufen beim Bildnerischen Gestalten 3 Phasen:

2. SPIELPHASE

1. EXPERIMENTIERPHASE	ist für Kinder *Erkenntnisphase*	3. GESTALTUNGSPHASE
Die Kinder nehmen wahr: – Materialeigenschaften – Werkzeuge. Sie *experimentieren* frei mit technischen Mitteln: – Zufall – Improvisation – Intuition. Sie – sammeln – suchen – finden – erfinden.	Die Kinder erproben den freien Umgang mit den *Gestaltungselementen.* Sie begreifen und erproben Ausdrucksmittel. Sie setzen Gestaltungselemente in Beziehung. Sie stellen Gruppierungen her. Sie schaffen neue Ordnungen. Sie erfassen Richtung, Schwerpunkte.	Die Kinder wenden die *bildnerischen Mittel* gezielt an. Sie machen durch entsprechend gewählte Gestaltungsmittel Funktions- Bewegungs- Bedeutungszusammen- hänge sichtbar

Gestaltungselemente

1. Elementare Ausdrucksmittel begreifen und erproben

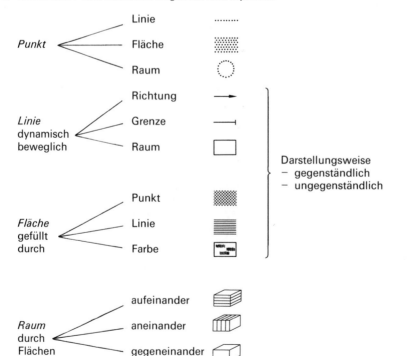

44

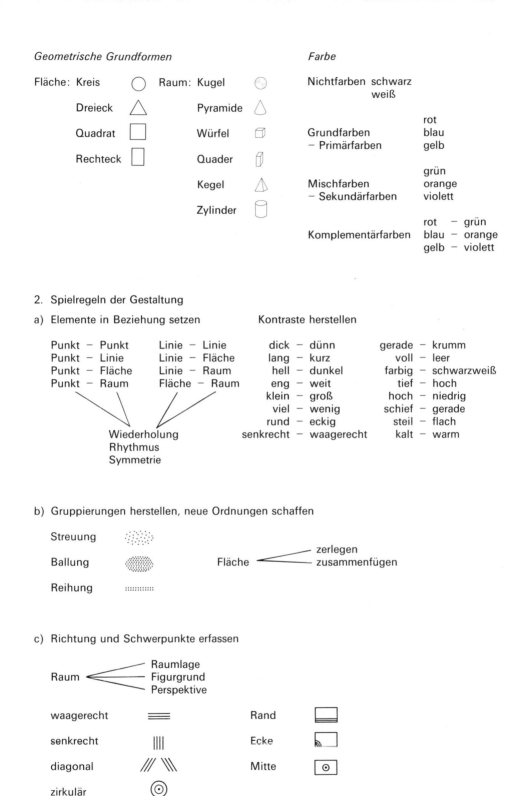

Geometrische Grundformen

Fläche: Kreis ○   Raum: Kugel ◉

    Dreieck △   Pyramide △

    Quadrat ☐   Würfel ⬚

    Rechteck ☐   Quader ⬚

                  Kegel △

                  Zylinder ⬠

Farbe

Nichtfarben	schwarz
	weiß
Grundfarben	rot
– Primärfarben	blau
	gelb
Mischfarben	grün
– Sekundärfarben	orange
	violett
Komplementärfarben	rot – grün
	blau – orange
	gelb – violett

2. Spielregeln der Gestaltung

a) Elemente in Beziehung setzen   Kontraste herstellen

Punkt – Punkt	Linie – Linie	dick – dünn	gerade – krumm
Punkt – Linie	Linie – Fläche	lang – kurz	voll – leer
Punkt – Fläche	Linie – Raum	hell – dunkel	farbig – schwarzweiß
Punkt – Raum	Fläche – Raum	eng – weit	tief – hoch
		klein – groß	hoch – niedrig
		viel – wenig	schief – gerade
		rund – eckig	steil – flach
		senkrecht – waagerecht	kalt – warm

Wiederholung
Rhythmus
Symmetrie

b) Gruppierungen herstellen, neue Ordnungen schaffen

Streuung   ⦂⦂⦂

Ballung   ●

Reihung   ⁞⁞⁞⁞

Fläche   zerlegen / zusammenfügen

c) Richtung und Schwerpunkte erfassen

Raum   Raumlage / Figurgrund / Perspektive

waagerecht	≡	Rand	⬓
senkrecht	⏐⏐⏐⏐	Ecke	◣
diagonal	/// \\\	Mitte	⊡
zirkulär	◎		

45

Was geschieht mit den Produkten? –
Anwendungsmöglichkeiten

Den Kindern bereitet Zeichnen, Malen, das Arbeiten mit bildnerischen Techniken große Freude. Haben Sie einmal zugesehen, mit welcher Hingabe die Kinder malen und Gegenstände verzieren? Meist haben die Kinder eine Sammelmappe oder ein eigenes Fach, Schulkinder ihren Ranzen, in dem die Arbeiten verschwinden. Ungeschickt hineingezwängt, verknittern die Kunstwerke schnell. Vorschulkinder falten die Bilder oft, noch ehe die Erzieherin Einhalt bieten kann, denn das schöne Bild soll in die Brottasche und als „Schatz" mit nach Hause. Können die Eltern ermessen, welche Bedeutung diese kleinen knütteligen Bilder oder Klebearbeiten für die Kinder haben? Leider nicht immer. Die Erzieherin/Lehrerin weiß es. Sie wird diesen „Leidensweg" der ersten Bilder nicht verhindern, denn es ist der vom Kind selbstgewählte, mit dem es auch seine Erfahrungen machen muß. Selbstentscheidung, Selbständigkeit, Folgen ertragen (Bild zerknüllt, fettig), Reaktionen der Eltern erleben (sie nehmen das Bild an, beachten es, loben, oder das Bild wird nicht beachtet, weggeworfen, das Kind abgewiesen).
Die in der Gruppe entstehenden Bilder sind Ausdruck des gemeinsamen Lebens von Erzieherin/Lehrerin und Kindern im Alltag. Die Pädagogin weiß um die Bedeutung der ästhetischen Erziehung, um den langen Weg der Wahrnehmungsdifferenzierung, aber auch um die Bedeutung der Gewöhnung. Die Raumgestalung ist also wichtig. Jedes Kind freut sich, wenn sein Bild aufgehängt wird, es muß sich jedoch freiwillig davon trennen können. Dies übt es nur, wenn Bilder anderer Kinder den Raum verschönen. Bilder schmücken eine Wand. Dabei sollte die Erzieherin/Lehrerin aber auf den Gesamteindruck der Fläche achten. Die Bilder können einzeln, in Gruppierungen oder Reihen aufgehängt werden. Für welche Form die Erzieherin/Lehrerin sich entscheidet, ist von dem zur Verfügung stehenden Platz abhängig. Es ist aber auch ausschlaggebend, ob die Bilder durch Aufgabenstellung oder Anleitung einen Sachzusammenhang haben. Stellen die Kinder eine Gemeinschaftsarbeit her, wird diese bewußt als Wanddekoration gestaltet, im Gegensatz zu den im Freispiel entstehenden Einzelbildern. Gemeinschaftlich können die Kinder ein Gesamtbild gestalten, an dem alle beteiligt waren, z. B. ein Obstkorb in Schuhcremebatik. Bei anderen Arbeiten hat jeder für sich ein Bild gestaltet, z. B. Roboter in Alleskleber-technik, mit Deckfarbe übermalt. Sie werden ausgeschnitten und mit einem Raumschiff zu einem Großbild arrangiert. Jetzt dient die ganze Wand als Bildhintergrund. Es sollten keine weiteren Bilderrahmen daran hängen. Haben die Kinder Selbstbildnisse, z. B. „beim Friseur" gemalt, kann die Erzieherin/Lehrerin alle Bilder mit dem gleichen Grundformat so eng aneinandersetzen, daß die Bilder zusammen wie ein großes Poster wirken.
Noch eine andere Form ist der Wandfries. Die fortlaufende, eng aneinandergefügte Bildreihe eignet sich z. B. beim Thema "Zirkuswagen". Jedes Kind malt einen anderen, und der lange Wagenzug zieht sich an der Wand entlang. Durch die Mitgestaltung oder auch mal Selbstgestaltung gibt die Erzieherin/Lehrerin den

Kindern Anregungen. Natürlich mögen Kinder die luftigen Figuren der Mobiles. Die Erzieherin/Lehrerin wechselt die von den Kindern gestalteten Figuren je nach Jahreszeit und Thema aus (Vögel, Hexen, Drachen, Gespenster). Hängt die ganze Decke voller Figuren, wird der Raum unruhig und deckenlastig. Die Decke fällt einem im wahrsten Sinne des Wortes auf den Kopf. Natürlich möchten viele Kinder ihre Arbeiten darstellen, aber für die ästhetische Erziehung ist ein Wechsel förderlicher als eine Überdekoration. Ähnlich ist es, wenn die Fenster zu sehr mit Transparenten oder Fingermalereien ausgestaltet werden. Das Fenster ist unsere Lichtquelle im Raum und ermöglicht den Kindern auch die Außenwelt im Wechsel von Morgen- und Abendstimmung und der Jahreszeiten wahrzunehmen.

Machen wir uns noch einmal bewußt, wieviel Zeit Kinder im Kindergarten und in der Schule verbringen. Während dieser vielen Stunden wirkt der Raum in seiner Ausgestaltung auf die Kinder. Die Erzieherin/Lehrerin sollte die Kinder immer an der Raumgestaltung teilnehmen lassen und auch ruhig einmal eine neue Anordnung der Möbel ausprobieren. Ästhetisches Empfinden entwickelt sich nicht nur bei gestaltenden Techniken. Am Raum selber können die Kinder seine Zweckorientiertheit, die Formgebung der Möbel, des Spielzeugs, das Zusammenwirken praktischer und schmückender Gesichtspunkte zu einem harmonischen Ganzen empfinden und mitgestalten. Die Farben, in Verbindung mit Licht- und Schattenwirkung, Ordnung und Unordnung, Ruhe und Wirrwarr wirken sich auf die Kinder aus. Spielen sie in einem harmonisch gestalteten Raum, überträgt sich die Ruhe, die Kinder werden feinsinnig. Ein sensibler Mensch kann sich in einem überdekorierten oder gar unordentlichen, schmuddeligen Raum nicht wohlfühlen. Damit ist nicht die aus der Spielaktion entstehende, vorübergehende „Unordnung" gemeint.

Die bildnerischen Techniken sind zwar weitgehend ans Papier gebunden, das heißt aber nicht, daß daraus nur Bilder entstehen. Viele Techniken bieten sich geradezu für eine Weiterverarbeitung an. Vom Ideenreichtum der Erzieherin/Lehrerin hängt es ab, was sie daraus weiterentwickelt und wie sie die Kinder zum Mittun motivieren kann. Die Kinder können dies zu Anfang nicht ohne ihre Hilfe. Häufig kann sich ein ganzes Projekt daraus ergeben.

Die Kinder haben die Technik erlebt und ihre Gestaltungsmöglichkeiten erkannt. Nun betrachtet die Erzieherin/Lehrerin gemeinsam mit den Kindern die Ergebnisse. Zuerst stellen die Kinder fest, ob es sich um eine Bilddarstellung handelt oder um das Erleben der Farbe und Form für Farbpapiere. Nachdem die Kinder Stellung zu ihren Arbeiten genommen haben, überlegen sie gemeinsam, wofür sie sie verwenden können, damit sie nicht „nur" als Bilder in die Sammelmappe gelangen. Gerade bei älteren Kindern wird die Zielbezogenheit wichtig. Sie handeln immer mehr auf ein Ziel gerichtet und weniger aus Lust an der Tätigkeit. Man hört dann auf Angebote im bildnerischen Bereich die Ablehnung „nöh, was soll ich damit". Dieser Heranwachsende hat das Ende seiner kreativen Phase erreicht. Er spiegelt durch seine Aussagen die Lebenseinstellung unserer Gesellschaft wieder, daß man sich nur für Dinge einsetzt, die Nutzen bringen, die man gebrauchen kann, daß eine Tätigkeit um ihrer selbst willen als musisch, unwichtig, leicht belächelt abgetan wird.

Die Einstellung zur Tätigkeit und zum Produkt sollen aber nach Möglichkeit miteinander reifen. So können die Kinder bei der Herstellung der Farbpapiere in Farb- und Dekorgestaltung phantasievoll handeln. Durch die weitere Verarbeitung erfahren und erfassen sie Funktionsgesetzmäßigkeiten. Natürlich lassen sich aus Farbpapieren *Bilder*, *Briefkarten* und *Geschenkanhänger* herstellen, aber damit können Kinder nur selten etwas anfangen. Ein *Lesezeichen* ist schon eher für die Schulkinder zu gebrauchen. Drucktechniken können die *Sammelmappen* verschönen. Aber wie wäre es mit der Herstellung von *Spielen?* Viele Spiel-Grundideen können nachgestaltet werden. Die Kinder stellen eine Beziehung zum *Dame-* oder *Schachspielbrett* her, das sie aus Kleisterpapieren selbst hergestellt haben. Zwei Kleisterpapiere in gegensätzlichen Farben werden in Streifen geschnitten, durchgeflochten, auf einen Pappkarton geklebt, und schon ist das Brett fertig. Spielsteine aus Steinen, Nußschalen oder Muscheln finden sich leicht. Aus Farbpapieren und Drucktechniken können *Puzzlespiele, Tangram, Domino, Memory, Form- und Farbwürfel, Lotto, Mühle, Dame, Quartett* oder *Setzspiele* hergestellt werden. Die Techniken, Klebstofflinien im Sand und Wachsaddition, eignen sich für *Tast-Kimspiele.*

Natürlich wird als Gruppe gearbeitet, denn der Einzelne wäre überfordert, und für Gesellschaftsspiele braucht man Spielpartner. Haben sie mitgearbeitet, können sich alle Kinder mit dem Spiel identifizieren und gehen sorgfältig damit um. Farbpapiere regen auch zur weiteren Materialerfahrung an. Man kann sie *schneiden, reißen, kleben, flechten, rollen, falten.* So entstehen die verschiedenen *Faltformen* (Faltkästchen, Tulpenform, Segelschiff, u. v. m.). In Streifen geschnitten, üben die Kinder das Falten der *Hexentreppe*, zum Ring geklebt ergeben sie plastische Blütenformen oder Kerzenhalter. In Verbindung mit Schachteln oder Korken entstehen lustige Figuren mit beweglichen Armen und Beinen. Die meisten Kinder schneiden gerne *Faltschnitte* (Deckchen, Reihenschnitte). Aus bunten Papieren sehen sie dekorativ aus. Bunte, geschnittene Papierstreifen lassen sich zu sehr reizvollen *Perlen* aufrollen, und welches Kind schmückt sich nicht gerne. Alle runden und eckigen Schachteln können die Kinder mit bunten Papieren bekleben *(Bezugspapiere).* Aus Pappmaché können sie eigene Formen anfertigen. Werden sie mit bunten Papieren als letzte Schicht bezogen, wirken sie als etwas Besonderes. Viele Drucktechniken lassen sich mit entsprechender Farbe auf Stoff anwenden. Hortkinder können damit für sich und ihren Lebensraum nützliche Dinge individuell herstellen.

Schlaffeste in Kindergarten und Hort sind beliebt. Auf selbstbedruckten *Kopfkissen* träumt es sich noch einmal so gut von Abenteuern und Geistern. Ein eigenes *T-Shirt, Werkschürzen*, umweltfreundliche *Einkaufstaschen* und *Turnbeutel* als weitere Möglichkeiten für Druckmotive neben *Sets, Tischdecken* und *Wandbehängen.* So kann der Lebensbereich bewußt mitgestaltet werden, und die Inhalte sind immer situationsgemäß.

Durch den unerläßlichen Gebrauch von Baumwollmaterial regt die Erzieherin/Lehrerin die Kinder frühzeitig zur umweltbewußten Auseinandersetzung mit Kunststoff und Naturprodukten an. Das schmückende Element spielte neben funktionalen Gesichtspunkten von jeher eine wichtige Rolle. Die Kunst an Bauten, geschmückte Haushaltsgegenstände und persönlicher Schmuck von Männern und Frauen durch alle Jahrhunderte zeigen dies. Der selbstgeschmückte Gegenstand sagt etwas über die Person und ihr Lebensumfeld, seine Traditionen aus. Dieser Aspekt geht heute durch die Technik und Souvenierindustrie verloren.

Der Erzieherin/Lehrerin sollte das gemeinsame Herstellen von Gegenständen wichtig sein, damit die Kinder beim Fertigungsprozeß eine persönliche Beziehung zu ihnen entwickeln. Aus einer Schnurlegearbeit kann ein herrlich geformter, schnurverzierter Spiegelrahmen entstehen. Das Bandmuster, mit dem die Kleinen *Haarreifen* und *Indianerschmuck* aus Papier, Papprücken für *Abreißkalender* und *Blumentöpfe* verzieren, wenden die Älteren später bei Armreifen und Druckborten an. Die *Collage* ist eine sehr spielerische Form der Gestaltung und damit kindgemäß. Verschiedenste

Materialien können zusammengeklebt werden. Für eine Collage können die Kinder alle Papiere gebrauchen. Die Erzieherin/Lehrerin gestaltet mit den Kindern Collagen in Gruppenarbeit.

Neben der Einzelarbeit als Entwicklungsgrundlage bilden sich bei der Gruppenarbeit soziale Verhaltensweisen aus und führen beim bildnerischen Gestalten oft zu erstaunlichen Ergebnissen. Manche Drucktechnik oder Monotypie gelingt nicht gleich auf Anhieb zur Zufriedenheit. Die so mit Farbe gestalteten Papiere bewahren die Kinder auf. Aus ihnen lassen sich Formen ausreißen oder schneiden und zusammen mit anderen Papieren zu neuen Bildern gestalten. Darstellungen zu einem Thema werden zu einem Gesamtbild zusammengefügt. Inhalte liefern aktuelle Ereignisse, Gedichte, Buch- und Liedertexte. Bei Collagen läßt sich die Komposition bis zum letzten Moment korrigieren, die Kinder verschieben die Teile immer wieder, bis alle mit der Anordnung einverstanden sind. Die Kinder begründen ihre Umgestaltungen, sie verfolgen ständig die Anordnung, das Auge sucht nach Ausgewogenheit und präziser Verdeutlichung der Aussage. Kenntnisse über die Raumlage können spielerisch vermittelt werden (Streuung, Ballung, Reihung, Überschneidung, Viel-Einzel-Kontrast). In der Gesamtdarstellung einer Gemeinschaftscollage gelangen auch Kinder mit ungeschickteren Darstellungen zu positiver Aussage. Die Kinder lernen an der Gestaltung und müssen akzeptieren, daß die Einzeldarstellung hinter der Gesamtheit zurücktritt. Viele Früchte füllen einen Obstkorb, viele Autos und Häuser stellen eine Stadt dar.

Viele Techniken können Einstiegstätigkeiten für *Rollenspiel*projekte sein. Mit Farbpusten lassen sich z. B. sehr lustige Gesichter und Figuren bilden. Ausgeschnitten, auf eine Pappscheibe geklebt, einen Stab dahinter, fertig sind die Figuren für ein kleines Rollenspiel. Pappdruck, Strick- und Spitzenkunst, Schuhcremebatik, Fadenapplikation eignen sich als Techniken für Spielfiguren. Mit der Seidenpapier-Kleistertechnik können Pinguin-, Eisbär- und Seehundgeschichten erfunden werden. In Stoff-Kleistertechnik lassen sich sowohl Figuren als auch Requisiten herstellen *(Hüte, Schleifen, Masken)*. Die „Nasenreiter" regen zur Herstellung von Igeln und Vogelmenschen an. Das Nachspielen der Geschichte von Hase und Igel oder eine kleine Szene aus der Oper „die Zauberflöte" geben den Kindern neue Anregungen. Schuhkartons eignen sich zum Dekorieren *kleiner Szenen*, indem z. B. mit Wachsübermaltechnik der Hintergrund eines Aquariums gestaltet wird und einzelne Fische an einem Faden beweglich herumschwimmen. An den kleinen „Schaukästen" erfahren die Kinder Tiefenwirkungen und üben sich als kleine Bühnenbildner. Ein *Bauchladentheater* macht den Hortkindern in der Herstellung Spaß, die Vorschulkinder sind begeisterte Zuschauer.

Die meisten Kinder spielen gerne mit großen Pappkartons. Daraus entstehen *Häuser*, Autos, Eisenbahnen, Raketen, in der Weihnachtszeit ein *Knusperhaus*. Solche Bauten können mit Hilfe der Erzieherin/Lehrerin sehr liebevoll ausgestaltet werden. Mit Phantasie erproben die Kinder bautechnische Gestaltungsmöglichkeiten daran. Warum nicht einmal „Kunst am Bau" praktizieren oder zum Disigner für futuristische Autos werden? Der Eierkarton als Ganzer benutzt ergibt wunderbare Bausteinformen. Aus Styropor- oder Styreneplatten lassen sich beliebige Großformen schneiden und drucken. Zwei Kinder in Partnerarbeit bestreichen die Kartons mit einem dicken Malerquast und drucken Bausteine auf das Haus. Mit Klebstofflinien und Sand können Strohdach- oder Ziegelwirkungen entstehen. Aus Stoff und Kleister formen die Kinder Blumen oder andere Reliefs, die die Fenster schmücken. Mit einer besonderen Kühlerfigur kreieren die Kinder ihre Automarke.

Der Pappkarton ist auch immer wieder beliebt für die Nachgestaltung eines *Fernsehgerätes*. Mit einer immer weiter abspulenden Bildrolle spielen die Kinder eine selbstgestaltete Geschichte. Bilder, die sonst als Wandfries aufgehängt werden, regen über diesen Weg die Spielfreudigkeit an und motivieren zur weiteren Anfertigung neuer Bildreihengeschichten. In Gemeinschaftsarbeit ist eine solche Serie schnell hergestellt, jeder übernimmt in der Herstellung ein anderes Bild, und im Laufe kurzer Zeit haben die Kinder „Fernsehserien" in den verschiedensten bildnerischen Techniken.

Zum „Fernsehspiel" braucht man Spielpartner, in *Leporellobuchform* können Bildgeschichten allein betrachtet werden. Die Kinder erleben den Unterschied zwischen dem ablaufenden, verschwindenden Bild und dem Buch, mit dem sie sich allein – nach eigener Zeiteinteilung – zurückziehen können. Von Kindern selbst erarbeitete Geschichten, in Buchform gebracht, zeigen mehr über den geistigen Wert des bildnerischen Gestaltens als die vielen „niedlichen" und „hübschen" aber funktionslosen und unnützen Gegenstände, mit denen manche Kindergärten überhäuft sind. Die Erzieherin/Lehrerin sollte solche verspielten Oberflächlichkeiten nicht fördern. Für die Kinder ist es besser, wenn sie Erfahrungen in einer materiellen und geistigen Welt machen dürfen.

Die kreative Pädagogin hilft den Kindern, den Raum und die Materialien als einen Teil ihrer ästhetischen Umwelt zu sehen und ihn so zu benutzen, daß sich Spielideen entwickeln und jedes Kind seine individuellen schöpferischen Kräfte entfalten kann.

Anwendungsmöglichkeiten

Übersicht

Bilder
Bildwand
Bildfries
Poster
Bilderbuch
Leporello
Kalender

Papierwaren
Briefkarten
Einladungskarten
Namenskarten
Tischkarten
Geschenkanhänger
Geschenkpapier
Sammelmappen
Lesezeichen

**Bezugspapiere für
Gebrauchsgegenstände**
runde Dosen
eckige Schachteln
Pappmachégefäße
(Schatzkästchen, Stifte,
    Kosmetiks)
Untersetzer
Tabletts
Spiegelrahmen

Spiele
Puzzle
Tangram
Domino
Memory
Lotto
Mühle
Dame
Quartett
Setzspiel
Form- und Farbwürfel
Tast-Kimspiele

Papierverwandlung
Faltschnitte
(Deckchen, Reihenschnitte)
Faltfiguren (Origami)
Papierflechten
Papierketten (Streifen rollen,
Gerissenes auffädeln, Papierringe)
Hexentreppe falten
(Blüten, Figuren, Kerzenhalter)

Rollenspiele
Stabpuppen
Figuren für Schattentheater
Requisiten

(Hüte, Masken, Schleifen,
Federn, Fächer,
Indianerschmuck)
Bühnenbilder
Kulissen
„Schaukästen"
Bauchladenbühne

Großprojekte
(Pappkartons)
Haus, Auto, Rakete
Knusperhaus
Fernseher

Arbeiten mit Stoffarbe
Kopfkissen
T-Shirts
Einkaufstaschen
Werkschürzen, -kittel
Turnbeutel
Tischdecken
Sets
Wandbehänge

Transparente
Fensterbilder
Tischtransparente
Laternen
Tischleuchten

II

Praktischer Teil

Anmerkungen zur
Handhabung des praktischen Teils

Haben Sie nicht auch als Kind gelernt, daß man ein Buch von vorne nach hinten und von links nach rechts liest? Auf diesem Weg haben Sie also Ihr Theoriewissen sicherlich erweitert und haben den praktischen Teil erreicht. – Vielleicht gehören Sie aber auch zu den Menschen, die neugierig mittendrin beginnen. Dann wurden Sie von den Arbeitsübersichten angeregt und haben weitergeblättert? Bitteschön! Tun Sie das und finden Sie einen Teil, der Ihnen Spaß macht. Motivation ist die beste Voraussetzung für Kreativität und gestaltendes Spiel mit den Ihnen anvertrauten Kindern. – Oder haben Sie als erstes die bunten Seiten hinten entdeckt? Wenn nicht, schauen Sie sie jetzt an, und lassen Sie sich inspirieren. Sie können das alles auch, ohne großes Studium, nur Lust sollten Sie haben! Sie werden staunen, was die Kinder unter Ihrer Anleitung in der jeweiligen Technik gestalten. – Die vierte Möglichkeit ist, daß Sie als Pädagogin, die mit Kindern bildnerisch gestalten möchte, als erstes den praktischen Teil aufgeschlagen haben. Das ist nur allzu verständlich. Egal, welchen Weg Sie gehen, hoffe ich, daß Ihre Neugierde Sie an viele Kapitel heranführt. An dieser Stelle möchte ich Ihnen sicherheitshalber erklären, wie Sie mit dem praktischen Teil umgehen können. Er ist in 5 Abschnitte unterteilt. Die Überschriften zu den einzelnen Techniken möchten Sie und die Kinder motivieren und neugierig machen. Damit Sie den Gestaltungsaspekt der jeweiligen Technik sofort erkennen, finden Sie neben jeder Überschrift ein oder mehrere Symbole. Diese sagen Ihnen, es handelt sich um:

– eine Farbflächengestaltung

– eine zeichnerische Bildgestaltung

– Bilder zum Assoziieren und Interpretieren

– eine zusammensetzende Gestaltung (Collage)

Vor jedem Kapitel steht eine allgemeine Einführung, und eine Übersicht macht Sie mit allen Materialien vertraut, die in der nachfolgenden Technik benötigt werden. Diese sind nach Steigerungsprinzip aneinandergefügt. Die ersten der jeweiligen Kapitel können schon von den jüngsten Kindern bewältigt werden. Der altersmäßige Schwerpunkt liegt bei 5 – 6 Jahren. Eine weitere Gruppe setzt die Entwicklung und Erfahrungen der ersten Grundschuljahre voraus und richtet sich an Kinder ab

8 Jahre. Dabei bleiben alle Techniken für weitere Altersstufen von Bedeutung, denn durch Ihre pädagogische Aufgabenstellung steigert das Kind an jeder Technik seine Fähigkeiten und Fertigkeiten. Altersangaben verstehen sich ausschließlich als Empfehlungen. Der Gesamtentwicklungsstand des einzelnen Kindes und seine Vorerfahrungen sind maßgebend für Ihre Auswahl der Gestaltungsspiele und Aufgaben.

Das durch alle Techniken gleichbleibende Übersichtsraster soll dazu beitragen, daß Sie sich beim Lesen schnell zurechtfinden. Sie können es aufschlagen wie ein Rezeptbuch. Da das Lernziel die Auswahl der Techniken bestimmt, finden Sie unter den pädagogischen Überlegungen die jeweiligen Bildungswerte aufgeführt. Neben den Altersangaben erscheint ein Hinweis, ob Gemeinschaftsaktivitäten möglich sind. Bei den technischen Überlegungen sind Material und Werkzeug bewußt nicht getrennt genannt, weil nur wenige Werkzeuge nötig sind, und zum Teil unkonventionelle Gegenstände als Werkzeuge benutzt werden, wie z. B. alte Kämme oder Plastikgabeln. Stehen in einer Zeile mehrere Farbangaben, so ist die Farbe auch unter dem Gesichtspunkt der verschiedenen Altersstufen auswechselbar.

An der Anzahl der „ – " (Spiegelstriche) können Sie erkennen, wieviele Schritte für den Ablauf der Technik notwendig sind. Die methodischen Überlegungen umfassen das erste Experimentieren unter Einbeziehung der Materialerfahrung, Themen für eine geplante Gestaltung und Ideen für weitere Anwendungen der bildnerischen Arbeiten. Der jeweilige Arbeitsauftrag möchte Ihnen den Einstieg in die Technik erleichtern. So können Sie ohne größeren Arbeitsaufwand den Kindern die ersten Anregungen vermitteln. Im weiteren ergeben sich Wechselwirkungen zwischen den von Ihnen gestellten Aufgaben und den Ideen der Kinder. Materialerfahrung werden Sie selber machen. Die Angaben zu diesem Punkt sollen für Sie die Experimentierphase verkürzen und Ihnen und den Kindern mögliche Anfangsfehler ersparen. Wer nur wenige Zeit hat, wird mit den Übersichten arbeiten und sich vor allem bei wiederholter Anwendung Material und Technikverlauf schnell in Erinnerung rufen. Am Ende des Buches erhalten Sie Hinweise zu Art und Besonderheiten der Materialien. Der Text zu jeder Technik möchte Ihnen z. T. Hintergrundwissen vermitteln aber auch differenziertere Angaben zum Vorgehen machen. So kann das Buch für Sie im Laufe der Zeit zu einem täglichen Begleiter für Arbeiten im bildnerischen Bereich werden.

Farbe und Form

Einführung

Kinder sind neugierig. Diese, für uns Erwachsene oft lästige Eigenschaft, ist eine wichtige Lerngrundlage, die es zu erhalten gilt. Die hier aufgeführten Praxisbeispiele möchten Ihnen Anregungen geben, mit Kindern im bildnerischen Bereich zu experimentieren. Durch vielerlei Farb- und Formspiele können die Kinder ihre Entdeckungsfreude entfalten. Beim Spielen mit Farben auf verschiedenen Farbträgern, wie Papier und Kleistergrund, erkennen sie die unterschiedlichen Reaktionen der Farbe. Sie haben Freude, ungebräuchliche Gegenstände als Malwerkzeuge zu benutzen, wie Spritz-Sieb und Zahnbürste, Holzstäbe und Wollfäden. Wo ausprobiert wird, entsteht im Sinne der Erwachsenen viel „Ausschuß". Dieser ist jedoch notwendig, um sich mit dem Material handelnd auseinanderzusetzen und Reaktionen wahrzunehmen. Lassen Sie den Kindern Zeit dazu, lernen sie die Farbverläufe selber zu beeinflussen und zu steuern, sowie Punkt, Linie und Fläche als Gestaltungselemente zu erfassen. Das Erleben von Farbe bedeutet Erleben der Welt, denn erst durch die Farbe können wir Gegenstände wahrnehmen und uns orientieren. Nur wenige denken darüber nach, wenn sie mit Kindern malen. Farbe löst Empfindungen aus. So erfahren die Erwachsenen auch etwas über die Gefühle der Kinder, wenn diese mit Farben gestalten. Nach dem ersten Kritzelstadium benutzen die Kinder die Linie immer an den Gegenstand gebunden. Darum brauchen sie auch thematische Anregungen vom Erwachsenen. Beim Beispiel „Linienzauber" erfahren sie, daß die Linie sich verselbständigen und durch ihre Darstellung, offen-geschlossen, ruhig-bewegt, dick-dünn, Eigenschaften aussagen kann. Das Spiel, und ein solches soll es immer bleiben, schult die Handhabung der Gegenstände, weckt die Vorstellungskraft und erweitert die Ausdrucksmittel. Durch die aufgeführten Techniken haben Sie die Möglichkeit, die Kinder schnell zu gewünschten Erfolgserlebnissen zu führen.

Arbeitsmaterial

Malgrund	Graphitpulver, Bleistift 4 B)	*Werkzeuge*
Zeichenpapier	Marmorierfarbe	Haar-, Borstenpinsel
Tonpapier farbig	Aquarellfarbstift	Spritzsieb
	(Schwan-Stabilo)	Zahnbürste
Klebstoff		Strohhalm
Tapetenkleister	*Binde- und Reaktionsmittel*	Wäscheklammer (Zwicker)
Alleskleber, Klebestift	Fixiermittel	Glaskugel
	Aluminiumsulfat	Schere
Farben	Spiritus	
Pulverfarbe		*Ergänzendes*
Deckfarbe,	*Experimentiergegenstände*	Wasserbehälter
Temperafarbe	Wolle, Perlgarn, Nähgarn	(höhere, flache)
(EFA Super-Color)	Papierknäuel, Pappstreifen,	Entwicklerwanne
Plakafarbe	-röhren	Zeitungspapier
Skribtol, Tusche	Korken, Büroklammern,	Lappen
Faserstifte (Schwan-Stabilo	Knöpfe	Papiertaschentücher
Pen 68, 88)	Blätter, Blüten u. a.	Malkittel, Schürzen

Kleisterfix – Kleisterpapier (siehe Abb. 20)

Welch ein Erlebnis für die Kinder, wenn ihre Finger durch weichen, farbigen Kleister gleiten. Die Kinder streichen einen am Tisch befestigten Bogen Papier mit einer Mischung aus Tapetenkleister und Pulverfarbe ein. Dazu nehmen sie am besten die Hände. Sie sollten den Kindern viel Zeit dafür lassen, denn das Verstreichen der feuchten Masse prägt die haptische Wahrnehmung aus, die Kinder fühlen bis in die Fingerspitzen. Nun gleiten die Finger über das Blatt und hinterlassen helle Spuren, Wellenlinien oder Kreise. Die Kinder können mit beiden Händen arbeiten, denn das Beidhandspiel entspannt und führt sie zu großflächigen, weichen Symmetrieornamenten. Bei sanfter Begleitmusik löst diese Lockerungsübung Verkrampfungen besonders gut. Die Kinder arbeiten mit dem ganzen Körper. Auf einem neuen Bogen versuchen sie, mit vier Fingern einer Hand parallel Spuren zu ziehen. Die beiden Hände wechseln sich ab, so daß reizvolle Wechselmuster entstehen. Dann gehen sie zum Einfingermalen über. Wie bei den ersten Malversuchen im „Kritzelalter", beobachten die Kinder, wie die Finger Spuren hinterlassen, hell in einer Farbfläche.

Der Phantasie für Musterbildung sind keine Grenzen gesetzt. Es geht weniger um das künstlerische Ausdrucksmittel, als um die Tätigkeit, und doch erfahren die Kinder die feuchte, weiche Farbe als Stilmittel. Nun nehmen die Kinder mehrere Farben, erproben die Mischungen und können auch Farbpulver nachsetzen. Zu viele Farben gleichzeitig wirken zum Schluß schmutzig, aber auch das müssen Kinder zur Farberkenntnis erleben. Haben sie mit ihren Händen als Werkzeug genug Erfahrungen gemacht, nehmen sie Papierknäuel, Pappstreifen oder -röhren, mit denen sie die verschiedensten interessanten Muster herstellen. Durch wellenförmige Bewegungen und Drehen entstehen reizvolle Varianten in der Farbdicke. Die elementare Spielfreude verbindet sich dabei mit Grunderfahrungen der Musterbildung. Durch den unterschiedlichen Farbkleisterauftrag ergeben sich überraschende dreidimensionale Wirkungen. In ihrer Hand liegt es, die Kinder anzuleiten, aus den fertigen Farbpapieren selbstgestaltete Gegenstände, wie Sets oder Tablettböden, Kästchen oder Sammelmappen herzustellen.

Pädagogische Überlegungen

Alter: ab 3 Jahre   Einzelarbeit

Ziele:
– Freude beim freien Spiel mit flüssigen Farben
– Hemmungsabbau beim Bearbeiten des Kleistergrundes
– Förderung der haptischen Wahrnehmung
– Phantasieförderung bei Musterprägungen

Technische Überlegungen

Material und Werkzeug
– Tapetenkleister
– Pulverfarbe oder Plakafarbe
– wenig saugendes großflächiges Papier
– Papierknäuel, Pappstreifen, Pappröhren
– Tesafilm

Ablauf der Technik
– Papierfläche mit einem breiten Pinsel einkleistern
– mit Farbpulver überstreuen
– mit Pinsel verstreichen
– mit Händen oder Gegenständen Muster in den Kleistergrund malen, schieben oder drehen

Methodische Überlegungen

Experimentierphase

Arbeitsauftrag: Probiere wieviel Kleister und Farbpulver du auf die Fläche streichst; erprobe verschiedene Gegenstände zur Musterbildung.

Materialerfahrung: Kleister dick anrühren, nicht zu dünn auftragen, Kleister bleibt lange feucht, Formen können immer wieder verwischt werden. Malgrund am Tisch befestigen, zum Beidhandmalen.

Gestaltungsphase

Themen: *Arbeitsauftrag:* Bestreiche dein Blatt Papier mit den Far-
– Flächenmuster   ben deiner Wahl und gestalte ein Flächenmuster
– figürliche Muster   a) mit den Fingern
                             b) mit „Werkzeugen".

Anwendungsmöglichkeiten:
Geschenkpapiere, Bezugspapiere, Vorsatzpapiere, Spielkarten, Tablettboden, Sets

Die farbige Zahnbürste – Farbspritzen (siehe Abb. 12)

Farbe muß nicht immer mit einem Pinsel aufgetragen werden. Auch mit einer Bürste können die Kinder sie verteilen. Mit einer Zahnbürste reiben sie über ein Sieb, die Farbe spritzt in feinsten Tropfen über das Blatt Papier. Die Kinder üben, Bewegungen zu koordinieren, beide Hände sind aktiv, eine hält das Sieb in der Luft, die andere reibt darüber. Wir fordern die Kinder auf, einen kleinen Gegenstand, eine flache Holzfigur, eine Büroklammer, auf das weiße Papier zu legen und erneut zu spritzen. Wo Gegenstände lagen, bleibt das Papier nun weiß; die erste Erfahrung der Kinder zur Entstehung eines Negativs. Bei der Spritztechnik handelt es sich um eine Schablonentechnik. Schablonen können die Kinder aus Papier selber herstellen. Einfache erste Schneidearbeiten legen die Kinder auf das Papier und spritzen. Später werden es figürliche Darstellungen oder Faltdeckchen. Immer wieder können die Kinder auch Materialien entdecken, die sich überspritzen lassen, gepreßte Blätter, alte Schlüssel, Spitzen.

Nach dem ersten Negativspritzen verschieben die Kinder die Schablonen und wählen eine zweite Farbe. Sie erkennen, daß neue Formen und Schattenwirkungen entstehen, oder die unteren Farben durch Abdecken erhalten bleiben. Das Arbeiten mit Schablonen und Spritzsieb führt zu logischem Denken, die Kinder entwickeln folgerichtiges Handeln. Bei der unterschiedlichen Farbwahl erkennen sie Farbmischungen und Farbwertsteigerungen. Durch die vielfältige Gestaltung der Schablonen können Kinder aller Altersstufen durch alle Jahreszeiten hindurch kreativ werden.

Pädagogische Überlegungen

Alter: ab 4 Jahre   Einzelarbeit

Ziele:
- Bewegungskoordination (Siebhalten, Bürstenbewegung)
- Ausdauer bei mehrfacher Farbwahl und Spritzvorgang
- Sorgfältiges Arbeiten beim Farbspritzen
- Vorstellungsvermögen bei Arbeit mit selbsgefertigten Schablonen

Technische Überlegungen

Material und Werkzeug
- helles Papier
- Deckfarben
- geschnittene Schablonen
- Spritzsieb
- Zahnbürste

- flaches Wassergefäß
- Lappen
- Schere

Ablauf der Technik
- Schablonen auf das Papier legen
- Zahnbürste anfeuchten, Farbe aufnehmen
- über das Sieb reiben
- Schablonen verschieben
- Vorgang mit verschiedenen Farben wiederholen (helle Farbe zuerst)

Methodische Überlegungen

Experimentierphase

Arbeitsauftrag: Versuche, eine gleichmäßige Fläche zu spritzen; probiere verschiedene Schablonen aus; versuche Schablonen mehrfach zu verschieben.

Materialerfahrung: Mit wenig Wasser arbeiten, da sonst Klekse. Vorsicht beim Abheben der Schablonen (Flecken).

Gestaltungsphase

Themen:
- Blätter
- Werkzeugkasten
- Masken

Arbeitsauftrag: Wähle verschiedene flache Materialien aus und gestalte durch Verschieben ein Werkzeugbild. Gestalte einen Blätterteppich.

Anwendungsmöglichkeiten:
Bilder, Einladungskarten, Tischkarten, Plakate

Kullerfarbe – Malen mit Glaskugeln (siehe Abb. 21)

Legen Sie einem Kind eine Glaskugel in die Hand. Es strahlt! Für Kinder sind
Glaskugeln Schätze, es sind Zauber- oder Märchenkugeln, die immer wieder
betrachtet werden können. Geben Sie den Kindern einen Kastendeckel vom
Schuhkarton oder einen leeren Pralinenkasten. Sie lassen die Kugeln darin hin und
herrollen, kreisen. Das Auge folgt der Bewegung der Kugel, wie es der Säugling tut,
wenn sein Blick dem Mobile folgt. Nun wollen Sie den Weg der Kugel sichtbar
machen. Ein Blatt Papier in den Kastendeckel legen, ein wenig Farbe darauf geben
und los geht es. Die Kinder können die Kugel durch die Farbe schicken; sie verfolgen,
wie die Kugel die Farbe mitnimmt. Die Kugel hinterläßt Spuren, das Auge verfolgt
die Linien. Es ist ein beidhändiges Spiel, das Auge und Bewegung hervorragend
koordiniert. Setzen die Kinder zwei Farben ein, erleben sie deutlich den Mischvorgang. Bei wenig Farbe entstehen Farbspuren auf weißem Grund, wird es zu viel,
drückt die Kugel helle Spuren durch die Farbmasse. Bei längerer Übung können
ältere Kinder die Kugel gezielt führen und Farbe bewußt einsetzen.
Neben der Farbmischung ist die Plazierung der Farbe von Bedeutung. Die Farbe
kann von der Mitte, vom Rand oder den Ecken ausgehen. Die Kinder können die
Kugel in bestimmte Richtungen führen und waagerechte Schraffur, Karos, Kreise
oder Zickzackmuster entstehen lassen. Die Kleinen haben Freude am entstandenen
Farbbild. Mit älteren Kindern können Sie vielerlei weiterführende Arbeiten machen.
Die entstandenen Papiere eignen sich für Collagen. Die Kinder können sie aber
auch zu Puzzlespielen auseinanderschneiden; es lassen sich Schachteln daraus falten,
Spiele und Brettspielböden herstellen. Das Spiel mit Kullerfarbe ist ein elementares
Koordinationsspiel. Bei gleichzeitiger Konzentration trägt es zur Entspannung bei.
Durch seinen hohen Aufforderungscharakter motiviert es alle Altersstufen und regt
bei der Weiterverarbeitung zu vielfältig kreativem Gestalten an.

Pädagogische Überlegungen

Alter: ab 4 Jahre   Einzelarbeit

Ziele:
- Freude am Spiel mit den Kugeln in der Farbe
- Motivationssteigerung durch Erfolgserlebnis
- Schulung der Wahrnehmung beim Linien- und Farbspiel
- Schulung der Motorik, des Gleichgewichts

Technische Überlegungen

Material und Werkzeug
- Super Color Malfarbe EFA
- Kastendeckel (Schuhkarton, Pralinenschachtel)
- Glaskugeln (Glaser oder Metallkugeln)
- Zeichenpapier

Ablauf der Technik
- Zeichenpapier in Kastendeckel legen
- ein oder mehrere Farben als Kleks daraufgeben
- Kugel einsetzen und rollen lassen

Methodische Überlegungen

Experimentierphase

Arbeitsauftrag: Erprobe verschiedene Farben; setze die Farbe an unterschiedlichen Stellen ein (Mitte, Seite, Ecke); spiele mit zwei oder mehreren Kugeln; erprobe unterschiedliche Bewegungen (kreisen, schütteln).

Materialerfahrung: nicht zu viel Farbe nehmen, Spuren verfließen; mit mehreren Kugeln wird das Spiel interessanter; nicht zu viele Farben, Mischfarben werden bewußter.

Gestaltungsphase

Themen:
- Linienspiel

Arbeitsauftrag: Gib die Farben Gelb und Blau auf dein Blatt im Kasten und lasse die Kugel beliebig kreisen. Ziehe eine Farblinie am Kastenrand und lasse die Kugel immer an den gegenüberliegenden Rand prallen.

Anwendungsmöglichkeiten:
Bilder, Collagen, Puzzle, Domino, Spielbrett, Tablett, Faltschachteln

Pustewind – Farbpusten (siehe Abb. 7)

Ein Farbtropfen fällt vom Pinsel auf das weiße Papier. Ein Unglück? Im Allgemeinen empfinden wir es so. Aber kann uns der Tropfen nicht auch zu einem Spiel anregen? Sie fordern die Kinder auf, kräftig auf ihn zu pusten. Plötzlich verwandelt sich der Tropfen. Die Kinder schauen auf die neu entstandene Figur. Die Farbe bewegt sich eigenwillig in verschiedene Richtungen. Das macht Spaß. Erneut setzen die Kinder Tropfen oder Striche und pusten. Sie können von oben und von der Seite pusten, das Blatt drehen, immer entstehen neue Spuren. Die Kinder wählen unterschiedliche Farben, und allmählich erkennen sie in den entstandenen Gebilden Gräser, Bäume, ein Feuerwerk; Fabelwesen erscheinen, die mit wenigen Einzeichnungen auch für andere Betrachter kenntlich werden. Farbe und Form bestimmen die Assoziationen. Es ist ein spielerischer Wechsel zwischen Entstehenlassen und Deutung. Nehmen die Kinder einen Strohhalm zu Hilfe, gelingt es ihnen, die Farbe in eine Richtung zu lenken. Das Spiel mit der Farbe fordert viel Atemeinsatz von den Kindern. Mit viel Farbe gemalt, können sie aus jeder Pinsellinie Spuren auspusten.
Die entstehenden Darstellungen wirken eigenwillig und lebendig. Aus einem Kreis lassen sich Haare für ein Gesicht pusten. Aus einer Linie entsteht eine Raupe oder ein Baum. Auch Buchstaben können zu lebhaften Namensschildern gepustet werden. In Verbindung mit anderen Techniken erzielt man reizvolle Wirkungen. Die Kinder malen einen blauen Hintergrund als Wasser und pusten viele Schlingpflanzen hinein. Das Blatt wird in einen Schuhkarton geklebt. Bunte Fische, auf ein weißes Blatt gepustet werden ausgeschnitten und in das Aquarium gehängt. Durch die sich ständig verändernden Linien entwickeln die Kinder Phantasie, und Form- und Farbwahrnehmungen werden differenziert.

Pädagogische Überlegungen

Alter: ab 5 Jahre   Einzelarbeit

Ziele:
- Freude durch garantiertes Erfolgserlebnis, Überraschungseffekt
- Förderung des Vorstellungsvermögens durch Interpretation der geblasenen Linien
- Kreativität durch Farbgestaltung und Anordnung
- Atemschulung
- Umgang mit der Farbe

Technische Überlegungen

Material und Werkzeug
- Zeichenpapier
- Deckfarbe oder Skribtol
- Pinsel
- Strohhalm

Ablauf der Technik
- mit dem Pinsel Farbtropfen oder Linie auf das Papier bringen
  a) mit dem Mund pusten
  b) mit dem Strohhalm pusten

Methodische Überlegungen

Experimentierphase

Arbeitsauftrag: Verpuste Punkte oder Linien, die du auf das Papier gemalt hast; verblase sie mit dem Strohhalm.

Materialerfahrung: Farbe sehr naß halten; mit Strohhalm gezielte Führung möglich.

Gestaltungsphase

Themen:
- Wurzelwerk
- Trolle, Fabelwesen
- Bäume im Herbst
- Feuerwerk
- Raupen, Igel
- Namenszug

Arbeitsauftrag: Gestalte ein Blatt mit herbstlichen Farben, male Baumstämme und puste sie zu Ästen aus.
Ziehe eine Linie und puste daraus eine Raupe.

Anwendungsmöglichkeiten:
Namenskarten, Tischkarten, Einladungen, Bilder, Lesezeichen

Kunterbunte Klebstofftube – Filzstift-Klebe-Zeichnung
(siehe Abb. 3)

Malen mit bunten, leuchtenden Filz- oder Faserstiften ist für Kinder immer wieder verlockend. Kombinieren Sie sie doch einmal mit anderen Materialien. Die Kinder gestalten ein buntes Bild, sie malen Blumen, Autos, Luftballons oder eine Eistüte. Die Pädagogin gibt ihnen eine Alleskebertube oder -flasche, damit sie nun die bunten Flächen und Linien abdecken. Drücken und gleichzeitig Führen ist eine gute Bewegungskoordination, muß aber auch geübt werden. Sicher fließt am Anfng zuviel Klebe aus der Tube, aber denken Sie daran, wie die Kinder es genießen. Wenn sie an anderer Stelle auf das Blatt tropft, macht das auch nichts. Die Kinder werden im fertigen Bild erkennen, welche Wirkung die Klebe hat. Jetzt erstarren die Kinderbilder wie unter einer Eisschicht. Am besten warten Sie nun einen Tag, bis alles getrocknet ist. Die Kinder wählen eine Farbe für den Hintergrund und überziehen das ganze Bild mit Tusche oder Tinte. Dazu gehört Mut, die Risikobereitschaft wächst, aber die Kinder erkennen auch schon, daß weiße Flecken unter dem Klebstoff erhalten bleiben. Ist alles getrocknet, waschen die Kinder ihre Bilder ab. Um die leuchtenden Farben herum haben alle Darstellungen weiße Ränder, als ob sie Schneehauben hätten. Das zweimalige Warten erfordert von den Kindern Geduld, sie lernen abzuwarten. Durch das Abdecken mit Klebstoff üben sie die logischen Abfolgen für spätere Batiktechniken auf Papier oder Stoff. Themen aus dem Winter, wie „Schneeglöckchen unter Schneedecke", oder „Autos auf verschneiter Straße", bieten sich an, aber auch Blumensträuße wirken dekorativ durch den intensiven Weißkontrast.

Pädagogische Überlegungen

Alter: ab 5 Jahre   Einzelarbeit

Ziele:
- Freude am Gestalten mit bunten Stiften
- Ausleben der Phantasie beim Bildgestalten
- Vorstellungsvermögen beim Klebstoffüberstreichen
- Risikobereitschaft beim Übermalen
- Förderung der Ausdauer (2maliger Trocknungsprozeß)

Technische Überlegungen

Material und Werkzeug
- festes Zeichenpapier
- Faserstifte
- Alleskleber
- Tinte oder Tusche

Ablauf der Technik
- mit Faserstift malen
- Farbflächen über den Rand mit Alleskleber bestreichen
- trocknen lassen
- Bild mit Tusche überziehen
- trocknen lassen
- abwaschen

Methodische Überlegungen

Experimentierphase

Arbeitsauftrag: Male eine beliebige Farbfläche und streiche Alleskleber darüber; übermale nach dem Trocknen die ganze Fläche mit Tusche; erneut trocknen lassen und abwaschen.

Materialerfahrung: Alle bemalten Flächen müssen mit Klebstoff bedeckt sein, bis über die Ränder hinaus streichen. Gut trocknen lassen. Beim Abspülen nicht zu stark auf Klebstoff reiben.

Gestaltungsphase

Themen:
- Luftballons
- Autos im Schnee
- Eisenbahn
- Schiffe im Meer
- Blumenstrauß
- Zuckerbäckerei

Arbeitsauftrag: Male Luftballons in bunten Farben, überstreiche sie mit Alleskleber. Nach dem Trocknen malst du den Himmel blau.
Male Autos, überstreiche sie mit Alleskleber, setze eine Klebelinie über das Autodach. Nach dem Trocknen malst du die Landschaft grün.

Anwendungsmöglichkeiten:
Bilder, Grußkarten, Lesezeichen, Geschenkkästen

Indianerfeder — Fadengrafik (siehe Abb. 31)

Legen Sie einmal verschiedene Garne auf den Tisch und fragen Sie die Kinder, was sie damit machen können. Die Kinder werden sicher mit nähen, sticken und stricken antworten, aber noch nicht wissen, daß Fäden auch Farbe übertragen können. Sie zeigen es ihnen. Die Kinder falten ein Blatt Papier, sie schneiden ein nicht zu langes Fadenende ab und tauchen es in Farbe. In Schlaufen oder Spiralen legen sie den Faden auf das geöffnete Blatt. Zuklappen, kräftig draufdrücken und am Fadenende ziehen. Welch eine Überraschung! Die Kinder sehen, daß der Faden gemalt hat. Sind die Kinderhände noch zu klein, legen sie das Blatt unter ein Brett oder altes Telefonbuch und drücken kräftig drauf. Mit Schlingen und Schlaufen, aber auch glatten Linien, malen die Kinder mehrfach auf ein Blatt. Sie können ein- oder mehrfarbig gestalten, mit dicken oder dünnen Fäden. Auch ein einzelner Faden läßt sich mit dem Pinsel mehrfarbig anmalen. Bald haben die älteren Kinder heraus, daß sich bestimmte Formen wiederholen lassen. Es hängt davon ab, ob sie die Fäden oben, unten oder an der Seite aus dem Papier herausziehen. So entstehen feder- oder gräserähnliche Zeichnungen. Die Kinder schneiden sie aus und gestalten einen „Phantasievogel" als Collage. Wenn sie die Formen verstärken und in einen Wellpappreifen stecken, haben sie einen interessanten Indianerschmuck. Sie falten ein Blatt Papier im Zickzack, kleben die Fadenspuren auf und schon ist ein eleganter Fächer entstanden.

Die Fadengrafik ist eine Kombinationstechnik zwischen Malen und Drucken. Mit Hilfe des Erwachsenen entdecken die älteren Kinder in den entstandenen Formen vielerlei Phantasiefiguren. Sie können sie durch geringe Ausgestaltung mit Farbstiften verdeutlichen. Die Kinder haben Freude am Spiel mit Fäden und Farben und entdecken neue Formen. Die entstehenden Fadenzeichnungen regen sie zu eigener Kreativität an.

Pädagogische Überlegungen

Alter: ab 5 Jahre   Einzelarbeit

Ziele:
- Freude am Überraschungseffekt und am Erfolgserlebnis
- Förderung des Vorstellungsvermögens im Umgang mit Farbe und Form (Fadenlage, Zugrichtung)
- Phantasieanregend bei Interpretation der entstandenen Formen

Technische Überlegungen

Material und Werkzeug
- Zeichenpapier, helle Tonpapiere
- verschiedene Garne (Perlgarn, Nähgarn, Wolle)
- Deckfarben oder Tuschen
- Pinsel
- Schere

Ablauf der Technik
- Zeichenblatt in der Mitte falten, öffnen
- Faden zuschneiden
- Faden einfärben (mit Pinsel anmalen oder tauchen)
- Faden in Schlingen und Schlaufen auf eine Hälfte des Zeichenblattes legen und zuklappen
- Papierhälften mit Druck aufeinanderpressen
- am Faden ziehen, eventuell Ziehrichtung verändern

Methodische Überlegungen

Experimentierphase

Arbeitsauftrag: Erprobe den Vorgang mit verschiedenen Fäden; male den Faden mit mehreren Farben an; lege mehrmals Fäden in das selbe Blatt; erprobe unterschiedliche Schlingenlegungen und Ziehrichtungen.

Materialerfahrung: Bei Deckfarbe nicht zu viel Wasser; bei Flüssigfarben im Lappen abtupfen, sonst zu starker Schmiereffekt.

Gestaltungsphase

Themen:
- Federn
- Indianerschmuck
- Vögel, Hahn, Pfau
- Blumenstrauß
- Phantasiegestalten

Arbeitsauftrag: Lege einen eingefärbten Faden in Spiralform auf das Papier und ziehe ihn am unteren Rand heraus.
a) Wiederhole diesen Vorgang in vielen Farben. Es entsteht ein „Blütenstrauß".
b) Wiederhole diesen Vorgang auf mehreren Papieren. Es entstehen „Federn" für eine Collage.

Anwendungsmöglichkeiten:
Briefkarten, Tischkarten, Collagen, Indianerschmuck, Fächer

Fließende Farben — Naß-in-Naß-Malerei (siehe Abb. 24)

Farbe löst sich in Wasser auf. Die Kinder erleben diese Grunderfahrung bei jedem Pinselausspülen. Helfen Sie ihnen, daß sie diese Erkenntnis konstruktiv anwenden. auf einem nassen Papier möchte die Farbe sich auflösen, wird aber im allmählichen Trockenprozeß gebunden und ergibt reizvolle Formen. Die Kinder tränken ein Blatt Papier in Wasser und legen es auf eine feuchte Zeitung, damit es länger naß bleibt. Den Wasserüberschuß streichen sie ab, da sonst Wasserpfützen entstehen. Nun nehmen sie Deckfarben in den Pinsel und tupfen einen Fleck. Ohne ihr Zutun verändert er auf dem wassergetränkten Papier seine Gestalt. Die Kinder beobachten, sie konzentrieren sich auf die entstehenden Formen. Mit einer anderen Farbe setzen sie einen Fleck an dieselbe Stelle und sehen, wie die Farben sich zu „Wunderblüten" mischen. Ein Strich als Stengel verfließt, so daß die Blume wie verschleiert wirkt. Nach dem Trocknen können die Motive mit festen Deckfarb- oder Filzstiftstrichen ergänzt werden.

Die Kinder werden bei dieser Tätigkeit ruhig, sie beobachten Farbwirkungen und Farbqualitäten. Durch das Verlaufen der Farbe werden sie zu großflächigem Malen angeregt. Nach Motiven wie Blume oder Regenbogen, an denen sie die Technik experimentell erfahren, können die Kinder Fische im Aquarium oder Autos und Eisenbahnen im Nebel malen. Sie können den Kindern helfen, zum richtigen Moment aufzuhören, damit sich nicht alle Farben zu einer großen Fläche verbinden. Durch neue Farbstifte, wie den Aquarell-Farbstift von Schwan Stabilo, können die Kinder auch mit festen Stiften phantasievoll auf nassem Papiergrund gestalten. Neben der Grunderfahrung mit Deckfarben können die Älteren mit diesen Stiften in einem schnellen Wechsel von fließender und gebundener Farbe kreativ werden. Für ältere Kinder ist auch die farbintensive Tusche für Naß-in-Naß-Malerei reizvoll. Ergänzend können sie dabei den Faserstift Stabilo Pen 68 oder Stabilo Point 88 einsetzen, da er genauso leuchtet wie Tusche. Machen Sie die Kinder frühzeitig mit der Naß-in-Naß-Malerei vertraut, denn sie vermittelt ihnen Grunderfahrungen für späteres Aquarellieren. Die Kinder erfahren dabei auch, wie sie bei anderen Techniken einen dekorativen Hintergrund gestalten können.

Pädagogische Überlegungen

Alter: ab 6 Jahre   Einzelarbeit

Ziele:
- Freude am Verlaufen der Farbe
- Förderung der Wahrnehmung beim Betrachten der fließenden Formen
- Geduld beim Beobachten des Fließvorgangs
- Förderung der Phantasie beim Ausgestalten
- Förderung des Farbempfindens
- Farbschulung beim Entstehen von Mischfarben

Technische Überlegungen

Material und Werkzeug
- Zeichenpapier
- Deckfarben, Tusche oder Aqurellfarbstift
- Haar- oder Borstenpinsel

Ablauf der Technik
- Zeichenblatt von beiden Seiten mit Wasser benetzen
- überflüssiges Wasser ablaufen lassen
- viel Farbe in den Pinsel nehmen
- Motiv in die nasse Fläche setzen

Methodische Überlegungen

Experimentierphase

Arbeitsauftrag: Erprobe die Feuchtigkeit des Blattes; erprobe die Farbmenge im Pinsel; tupfe einen Punkt und eine Linie und beobachte, was geschieht.

Materialerfahrung: Beide Seiten des Blattes anfeuchten, da es sich sonst wellt und Farbpfützen entstehen. Auf feuchter Zeitungsunterlage bleibt das Blatt länger naß. Die Deckfarbe soll möglichst wenig Wasser enthalten, da sie durch den Verlaufvorgang Farbintensität verliert.

Gestaltungsphase

Themen:
- Blumen, Blüten
- Fabelwesen
- Rauch, Dampf
- Unterwasserbild
- Sonnenuntergang

Arbeitsauftrag: Setze verschiedenfarbige Farbpunkte auf das nasse Papier, lasse sie trocken und gestalte daraus Blüten.
Setze zwei schwarze Punkte auf das nasse Papier, lasse sie trocknen und male zu den „Scheinwerfern" ein Auto.

Anwendungsmöglichkeiten:
Bilder, Gruß- und Tischkarten, Lesezeichen

Springende Farben — Absprengtechnik (siehe Abb. 2)

Kinder zaubern gerne, und diese Technik ist wie eine kleine Zauberei. Der besondere Reiz liegt im Überraschungseffekt, den die Kinder intensiv bei der Schwarz-Weiß-Absprengtechnik erleben. Auf weißes Papier malen sie mit Deckweiß etwas ganz Geheimnisvolles, denn Weiß auf Weiß sieht man ja fast nicht. Ist der Weißauftrag getrocknet, versteckt der „Zauberer" sein Werk, indem das ganze Papier mit schwarzer Tusche überzogen wird. Dies fordert von den Kindern Mut, ein Sich-Lösen-Können, ein Risiko eingehen. Sie können den Kindern hierbei helfen, indem sie mit ihnen gemeinsam ein kleines Vorexperiment machen, damit sie zu ihrer eigenen Tätigkeit Vertrauen bekommen. Nun wird es spannend wie beim richtigen Zaubern. Die Kinder beobachten, wie beim Trocknungsprozeß die schwarze Farbe abspringt. Sie erfahren bezüglich der Farbqualität, daß es Farben gibt, die eindringen und andere, die aufliegen. Deckweiß verhindert also, daß Tusche in das Papier eindringt.

Was das Deckweiß ermöglicht, können die übrigen Farben des Deckfarbkastens auch, sie decken nur nicht so intensiv. Dadurch entstehen im fertigen Bild aber oft reizvolle Grauschleier. Wichtig ist, daß die Kinder zwischen ihren Motiven weiße Linien oder Flächen stehenlassen, damit die Tusche eindringen kann. Bei dieser mehrfarbigen Arbeit kann das Absprengen durch Abwaschen ersetzt werden. Für die Schwarz-Weiß Technik eignen sich winterliche Themen, wie Schneemann oder Rodelbahn besonders gut. Farbig oder mit andersfarbigen Abdecktuschen sind der Phantasie keine Grenzen gesetzt.

Pädagogische Überlegungen

Alter: ab 6 Jahre   Einzelarbeit

Ziele:
- Freude am Überraschungseffekt
- Förderung der Risikobereitschaft beim Übermalen
- Förderung des Vorstellungsvermögens (Malvorgang – Abdecken)
- Phantasieförderung bei der Motivwahl

Technische Überlegungen

Material und Werkzeug
- Zeichenpapier
- Deckfarben
- Pinsel
- Scribtol oder Tusche

Ablauf der Technik
- mit Deckfarben auf Papier malen
- trocknen lassen
- Scribtol oder Tusche überziehen
- abplatzende Farbe abbürsten

Methodische Überlegungen

Experimentierphase

Arbeitsauftrag: Erprobe an einem Regenbogen die verschiedenen Farben; überziehe sie mit Scribtol, warte bis das Scribtol trocken ist und abplatzt.

Materialerfahrung: Deckfarben dick, aber nicht übereinander auftragen. Weiße Flächen stehen lassen, damit das Scribtol eindringen kann. Absprengprozeß beschleunigen durch Bürsten oder Wässern. Vorsicht beim Wässern, Papier reißt leicht.

Gestaltungsphase

Themen:
- Häusermeer
- Am Teich
- Nachtbilder
- Fische, Igel
- Blumen, Bäume

Arbeitsauftrag: Male einen See mit Uferpflanzen und spielenden Kindern. Überziehe alles mit blauer Tusche, warte bis es trocknet und die Tusche abplatzt.

Anwendungsmöglichkeiten:
Bilder, Wandfries

Zeitungsteufel – bemalte Zeitung (siehe Abb. 6 und 32)

Es muß nicht immer hochwertiges Papier sein, mit dem Kinder gestalten. Nur zu schnell werfen die Erwachsenen die ausgelesenen Zeitungen in den Müll, dabei können die Kinder mit diesem Material interessante Bilder Gestalten. Der Schriftsatz der Zeitungen ist vielfältig, da gibt es dicke und dünne Schrift, große und kleine Buchstaben, Bildflächen mit dunklen oder hellen Grautönen. Die Kinder schneiden unterschiedliche Schriftflächen aus den Zeitungen aus und sortieren sie. Allein das Zuordnen gleicher Schriftsätze fordert die bewußte Wahrnehmung der Kinder. Nun mögen die jüngeren Kinder noch gerne farbig gestalten, deshalb können alle zusammen die Flächen anmalen. Je nach Thema, Schnecke, Vogel oder Fisch, helfen Sie den Kindern bei der Farbauswahl. Ältere Kinder können zu einem Thema selbständig Farbstufungen herstellen. Die Farbe muß aber immer so flüssig sein, daß die Zeitungsschrift erhalten bleibt. Während die jüngeren Kinder Einzelteile von Figuren in unterschiedlicher Schriftrichtung ausschneiden, können die älteren kleine Einzelformen zu Phantasietieren zusammenfügen, das Gefieder vom Vogel oder die Panzerschuppen einer Schildkröte. Die Kinder malen keine Konturen auf, sondern entwickeln allmählich aus einem strukturierten Farbfleck die Gesamtform.

In Gemeinschaftsarbeit entstehen aus den ausgeschnittenen Figuren der Kleinen Märchenbilder, Aquarien, Tiere im Urwald oder Szenen aus Bilderbüchern, wie z. B. „Die wilden Kerle". Der Klebevorgang fordert Ausdauer von den Kindern. Auf farbigem Tonpapier wirkt die gefärbte Zeitung besonders kontrastreich. Durch Malen, Schneiden und Kleben fördert die Erzieherin/Lehrerin bei den Kindern verschiedene motorische Fähigkeiten. Der Umgang mit vorstrukturiertem Papier macht die Kinder empfindsamer für Richtungsverläufe und Farbwertabstufungen.

Pädagogische Überlegungen

Alter: ab 6 Jahre   Einzel- oder Gruppenarbeit

Ziele:
- Wertschätzung „wertloser" Materialien
- Förderung der Feinmotorik beim Schneiden
- Strukturen wahrnehmen
- Übung der Farbdifferenzierung
- Förderung der Ausdauer und Konzentration

Technische Überlegungen

Material und Werkzeug
- Zeitungspapier
- Tonpapier
- Deckfarben
- breite Borstenpinsel
- Schere, Bleistift
- Kleister

Ablauf der Technik
- unterschiedliche Schriftsätze aus der Zeitung ausschneiden
- in unterschiedlichen Farben anmalen
- Figur entwerfen
- kleine Strukturteile aus der Zeitung ausschneiden oder reißen
- durch Aufkleben die Figur langsam entstehen lassen

Methodische Überlegungen

Experimentierphase

Arbeitsauftrag: Suche verschiedene Schrifttypen in der Zeitung; erprobe, wie dünn die Farbe zum Überstreichen sein soll, damit die Schrift erhalten bleibt; erprobe die Wirkung der Struktur in verschiedenen Richtungen.

Materialerfahrung: Die Farbe darf nicht zu dick aufgetragen werden, sonst sieht man die Schrift nicht mehr. Die Teile nicht zu klein schneiden, sonst zu hohe Ausdauerforderung.

Gestaltungsphase

Themen:
- Märchenszenen
- Schnecke
- Phantasievogel
- Schildkröte

Arbeitsauftrag: Zeichne eine Schnecke auf dein Tonpapier, schneide aus dem bemalten Zeitungspapier kleine Formelemente aus und klebe die Zeichnung damit aus.

Anwendungsmöglichkeiten:
Bilder, Wandfries, Poster

Schnipsel in der Tusche — Tuschcollage (siehe Abb. 1)

Haben Sie schon einmal zugesehen, wenn Kinder im Kindergarten mit Schnipseln bunte Bilder kleben? Mit welcher Begeisterung und Versunkenheit gehen sie mit den klebrigen Papieren um! Sie genießen es, die bunten Papiere in die Hand zu nehmen, sie fühlen, ob sie glatte oder rauhe Oberflächen haben. Mit viel Geduld reißen sie, erst noch ungeschickt, später wie kleine „Fachmänner", die Flächen zu Schnipseln. Diese Arbeit kann man gut gemeinschaftlich ausführen, um das einzelne Kind nicht zu überfordern. Kleben will gelernt sein, zuerst klebt alles an und um das Kind herum — hierfür müssen Sie Geduld aufbringen.

Die Tätigkeit, die den kleinen 3—4jährigen mit bunten Papieren Freude gemacht hat, greifen Sie für die 6jährigen wieder auf, gestalten aber diesmal Formen und Figuren aus weißem Zeichenpapier. Mit Tinte streichen die Kinder nun über die ganze Fläche und spülen sie anschließend ab. Da verletztes Papier die Farbe aufsaugt, entstehen an den gerissenen Rändern farbintensive Linien. Bei vielfältigem Reißen können sich wunderbare Strukturen zeigen. Nach den ersten experimentellen Erfahrungen wird das Arbeiten mit Tuschen in verschiedenen Farben den Hortkindern viel Freude bereiten und ihren Blick für Farbmischungen und -abstufungen fördern, neben allen anderen Erfahrungen, die schon das Kleinkind machte. Als Gruppenarbeit bietet diese Technik vielfältige Möglichkeiten zur Nachgestaltung von Bilderbuchinhalten.

Pädagogische Überlegungen

Alter: ab 6 Jahre   Einzel- und Gruppenarbeit

Ziele:
- Förderung der Feinmotorik beim Reißen (Figurenreißen)
- Ausdauer beim Kleben und Sorgfalt beim Malen
- Risikobereitschaft beim Überstreichen der Arbeit mit Tinte
- Sachkenntnis über Papierbeschaffenheit
- Wahrnehmungsschulung im Farb- und Formbereich

Technische Überlegungen

Material und Werkzeug
- Zeichenpapier
- Papierklebestift
- Pinsel
- Tusche in versch. Farben

Ablauf der Technik
- Figur oder Einzelteile aus Papier reißen
- aufkleben
- mit Zeichentusche überstreichen
- abwaschen und trocknen lassen

Variation:
- mit verschiedenen Tuschen anmalen, nicht abwaschen!

Methodische Überlegungen

Experimentierphase

Arbeitsauftrag: Kratze mit einer Nadel Linien in das Papier, klebe eine gerissene Form auf, überstreiche beides mit Tusche, wasche es ab; erprobe, wie Tusche sich beim Abwaschen verhält; erprobe Tusche auf nassem Grund.

Materialerfahrung: Tusche trocknet schnell, verläuft gut auf nassem Grund. Tinte ist farbintensiv, es gibt aber nur wenige Farben.

Gestaltungsphase

Themen:
Figurenreißen:
- Tiere
- Menschen

Reißen aus Einzelteilen:
- Blumen, Bäume
- Fische, Vögel
- Menschen

Anwendungsmöglichkeiten:
Bilder, Kulissen für Papiertheater

Arbeitsauftrag: Reiße die Teile eines Menschen aus weißem Papier und klebe sie auf. Male deine Figur mit Tusche bis an die Kanten aus. Mache den Hintergrund mit dem Pinsel naß und male ihn nach deinen Vorstellungen an.

Linienzauber – Filzstiftlinienspiel (siehe Abb. 11)

Kinder sammeln die verschiedensten Gegenstände – warum nicht einen oder mehrere davon auf ein Papier kleben? Kinder schneiden gerne aus – warum nicht einmal kleinere dieser Bilder auf ein Zeichenblatt kleben? Sind sie für Kinder von Wert, haben sie auch Freude, sie zu verzieren und daraus ein Kunstwerk zu gestalten. Nehmen Sie Filzstifte in zwei, drei Farben, nicht zu viele, und fordern Sie die Kinder auf, am Rand des Blattes beginnend, die Gegenstände oder Bildchen zu umfahren. Die Bahn soll dabei nicht abreißen und das Blatt zum Schluß ganz bedeckt sein. Die Linien können auch den Gegenstand schmückend umrahmen, sie umrunden ihn so lange bis die Linien an den nächsten Gegenstand stoßen. Erste Übung dazu bietet ein einzelner Gegenstand, den die Kinder zu einer Blüte gestalten oder zwei Teile als Augenpaar für ein Phantasietier, das sie drumherum malen.
Das ursprüngliche Linienspiel als Spur einer Bewegung erlebten die Kinder im Kritzelalter. Inzwischen haben sie die Linie zur Formwiedergabe benutzt, um Gegenstände darzustellen. Der rhythmische Fluß der Linie ist verlorengegangen. Beim „Linienzauber" zeigen die Kinder den realen Gegenstand ihrer Darstellung vorweg. Nun können sie ihren Bewegungsdrang im freien rhythmischen Spiel der Linie ausleben. Durch die gewählte Farbe stellen die Kinder eine Beziehung zum Gegenstand her oder geben eigene Empfindungen wieder. Die Augen folgen ständig der entstehenden Linie, dadurch wird die Auge-Hand-Koordination gefördert. Die unterschiedliche Linienführung, ruhig oder lebhaft, schwungvoll oder abgehackt, eng oder weitläufig, fließend oder gezackt, zeigt das Temperament des Kindes, versetzt aber auch den Betrachter in eine Stimmung. Eng geführte Linien geben oft eine eindrucksvolle räumliche Wirkung. Die Kinder nehmen Ursache und Wirkung wahr und setzen das neue Gestaltungsmittel bei späteren Darstellungen bewußt ein. Die Kinder haben Freude am Umgang mit den farbigen Stiften und zeigen oft erstaunliche Ausdauer und Sorgfalt.

Pädagogische Überlegungen

Alter: ab 8 Jahre   Einzelarbeit, evtl. Partnerarbeit

Ziele:
- Freude im Umgang mit den farbigen Filzstiften
- Umweltbewußtsein beim Finden von kleinen Gegenständen
- Förderung des Formempfindens beim „Umfahren" der Gegenstände
- Förderung der Ausdauer beim Ausfüllen des Blattes
- Sorgfalt und Konzentration bei der Linienführung
- Förderung der Koordination von Auge und Hand

Technische Überlegungen

Material und Werkzeug
- Zeichenpapier
- Filzstifte
- Alleskleber
- gesammelte Gegenstände (Blätter, Blüten, Korkscheiben, Büroklammern, Knöpfe, kleine Zeitungsbilder)

Ablauf der Technik
- Gegenstände auf dem Papier locker anordnen
- Gegenstände aufkleben
- Gegenstände mit Filzstiftlinien umfahren

Methodische Überlegungen

Experimentierphase

Arbeitsauftrag: Probiere verschiedene Farben aus; probiere verschiedene Linienführungen, z. B. Gerade, Zick-Zack, Welle.

Materialerfahrung: Naturmaterialien brechen leicht.

Gestaltungsphase

Themen:
- Blumen
- Phantasietiere
- Farbwege um Hindernisse
- Auto im Windkanal

Arbeitsauftrag: Wähle aus deiner „Schatzkiste" einen Gegenstand aus und klebe ihn in die Mitte des Blattes. Umfahre ihn mit deinem Filzstift so, daß daraus eine Blüte entsteht.

Anwendungsmöglichkeiten:
Bilder, Plakate, Schmuckblatt, Photorahmen, Namensschilder

Großmutters Wäscheklammer – Holzstabmalerei (siehe Abb. 19)

Wo haben Kinder heute noch die Gelegenheit beim Wäscheaufhängen zuzuschauen oder mitzuhelfen? Dabei ist der Anblick bunter Wäsche auf einer Wäscheleine etwas so Lebendiges, das alle Sinne anregt. Ein Duft von Sauberkeit, Wäschestücke in vielen bunten Farben, die im Wind lustige Formen bilden. Die Finger fühlen die unterschiedlichen Materialien in feuchtem und trockenem Zustand. Aus einem modernen Wäschetrockner kommt nichts Vergleichbares heraus. Großmutters Wäscheklammer, der „Holzzwicker", ist auf dem Weg in die Vergangenheit. Schon länger wird er von dem „Plastikzwicker" verdrängt. Im Gestaltungsbereich hat man seinen Wert jedoch erkannt. Nach Lösen der Metallspringfeder zeigen sich zwei interessant geformte Holzstäbchen, mit denen man plastisch gestalten kann, die aber auch zum Malen anregen. Die Kinder tauchen den angeschrägten Teil des Holzstabes in Tusche, das Holz saugt die Tusche auf. Es ist erstaunlich, was solch flaches Holzstück hergibt. Der erste Ansatz auf dem Papier ist farbintensiv und wird dann immer schwächer und heller. Damit läßt sich vieles gestalten. Die Kinder können mit dem Holzstab breite bis ganz dünne Linien ziehen, mit allen Abstufungen dazwischen. Liegen die Farben übereinander wirken sie transparent, die Kinder können die verschiedenen Mischfarben wahrnehmen. Nach solchen transparenten Erlebnissen lassen sich gut Musterbögen herstellen. Zum Malen bieten sich viele Motive an, Fische, Phantasievögel, Selbstportraits oder Hochhäuser, je nach Alter und Übung der Kinder. Es ist ein anderes Gefühl als mit dem Pinsel zu malen, der Stab zeigt einen stärkeren Widerstand. Die Holzstabmalerei könnte bei den Kindern auch ein Interesse für Schrift entfalten, denn der Stab ist in vergrößerter Form eine „Schrägfeder".

Pädagogische Überlegungen

Alter: ab 8 Jahre   Einzelarbeit

Ziele:
- Kennenlernen der Eigenschaften von Tuschen
- Förderung der Farblehre, Mischfarben
- Möglichkeiten kreativer Gestaltung beim Malen
- Kennenlernen unterschiedlicher Linien- oder Schriftzüge
- Freude am ungewöhnlichen Schreibwerkzeug

Technische Überlegungen

Material und Werkzeug
- Zeichenpapier
- verschiedenfarbige Tuschen
- Wäscheklammer aus Holz
- Mallappen

Ablauf der Technik
- Metallfeder der Wäscheklammer entfernen
- Holzstab in Tusche tauchen
- Malen

Methodische Überlegungen

Experimentierphase

Arbeitsauftrag: Tauche den Holzstab in Tusche, setze ihn auf das Papier und ziehe eine Linie, bis der Stab keine Farbe mehr abgibt; erprobe die unterschiedlichen Linienstärken; beobachte die Farbintensität; male verschiedene Farben übereinander und beobachte die Farbmischung.

Materialerfahrung: Der erste Farbansatz sollte bei der Zeichnung nicht zu naß sein (im Lappen abtupfen). Farben vor dem Übereinandersetzen trocknen lassen, da sie sonst verlaufen.

Gestaltungsphase

Themen:
- Flechtmuster
- Flächenmuster
- Phantasievogel
- Fische
- Hochhäuser

Arbeitsauftrag:
Zeichne mit der Stabkante die Umrisse eines Fisches. Male Schuppen hinein, Schwanz und Flossen gestalte mit unterschiedlichen Stärken und Farben.

Anwendungsmöglichkeiten:
Bilder, Namensschilder, Plakate

Licht und Schatten — Graphitwischen

Bisher gestalteten die Kinder mit Farben, da sie über Farben ihre Gefühle und Stimmungen sichtbar machen können. Zwischendurch sollten Sie aber ruhig einmal versuchen, den Blick der Kinder auf die Form zu lenken und ihnen Möglichkeiten vermitteln, Licht und Schatten handelnd zu erfahren. Wir wollen deshalb mit den Hortkindern ein Bild in Grautönen gestalten. Alle Kinder kennen den Bleistift, aber nur wenige wissen, woraus seine Mine besteht. Es ist Graphit, ein elementarer Kohlenstoff. Die Farbe kennen die Kinder, sie ist metallglänzend, eisenschwarz bis bleigrau. Die Eigenschaft, daß Graphit stark abfärbt, nutzen Sie für die Wischtechnik. Benutzen Sie selbsthergestellte Schablonen, für den Anfang reichen unregelmäßig gerissene Papierabschnitte. Gerade einfachste Formen regen zu stark kreativer Aktivität an. Die Ränder der Schablonen werden mit dem Bleistift schwarz gefärbt. Mit dem Finger reiben die Kinder den Schwarzüberschuß auf das Untergrundpapier. Die Linie des Abrisses wird als Kontur sichtbar. Nehmen Sie statt des Bleistifts Graphitpulver, sparen Sie den Kindern einen Arbeitsgang. Das Anmalen fällt weg, die Kinder tauchen ihren Finger in Graphitpulver und können gleich über die Schablonenränder wischen. Die Vorerfahrung des Anmalens sollte nicht übersprungen werden, weil sie erst hierdurch die Übereinstimmung zwischen Bleistift und Graphitpulver erkennen. Nun beginnt für die Kinder das Spiel mit Schwarz-Weiß-Konturen. Sie hantieren mit den Formteilen, ordnen sie und gestalten um.

Vorstellungsvermögen und Phantasie entwickeln sich. Zeigen Sie den Kindern mit einer Schablone positiv und negativ zu arbeiten. Beim Neben- und Übereinanderschieben entstehen neue Formen. Die Kinder differenzieren die Wahrnehmung für Grauabstufungen, für Licht und Schatten. Zum Schluß werden sie an diesem Spiel mit den Formen ebensoviel Freude haben wie beim Farbgestalten.

Pädagogische Überlegungen

Alter: ab 8 Jahre   Einzelarbeit

Ziele:
- Förderung des Formempfindens bei Schablonenherstellung
- Förderung des Umgangs mit der Fläche
- Erfahrungen mit Farbwertsteigerungen
- Differenzierung der Wahrnehmung im Umgang mit Farbwertsteigerungen, Licht und Schatten

Technische Überlegungen

Material und Werkzeug
- Zeichenpapier (rauh)
- Graphitpulver
- Papiertaschentuch
- Fixatif

Ablauf der Technik
- Papierschablone reißen oder schneiden
- Schablone auf Zeichenpapier legen
- Finger in Graphitpulver tupfen und über den Rand der Schablone wischen
- Schablone verschieben, Vorgang wiederholen
- fertiges Bild fixieren

Methodische Überlegungen

Experimentierphase

Arbeitsauftrag: Erprobe gerissene und geschnittene, positive und negative Schablonen; versuche ein- oder mehrfach mit Graphit zu wischen; versuche, die Schablonen mehrfach zu verschieben.

Materialerfahrung: Vorsichtig arbeiten, Graphit **nicht einatmen!** Schablone muß flach sein, da sonst schlechte Konturen entstehen. Einfache Formen ermöglichen mehr Gestaltungsfreiheit.

Gestaltungsphase

Themen:
- Wellen
- Formenspiel
- Sonnenuntergang
- Obstkorb
- Tulpenbeet

Arbeitsauftrag: Wische über eine Tulpenschablone, verschiebe sie mehrfach, so daß ein Tulpenbeet entsteht. Wähle eine abstrakte Form und gestalte durch Verschiebung die ganze Fläche.

Anwendungsmöglichkeiten:
Bilder, Briefkarten

Kleisterwanne – Marmorieren (siehe Abb. 16)

Marmorieren ist eine traditionsreiche Technik, die im 17. Jahrhundert aus dem Orient nach Westeuropa kam. Sie wurde von Buchbindern benutzt, die mit den bunten Papieren Bücher bezogen. Durch neue Materialien ist die Technik heute so einfach, daß Kinder ihr wahres Vergnügen daran haben, Marmorierpapiere herzustellen. Beim Kli-Kla-Kleisterfix haben sie sich schon mit Tapetenkleister vertrautgemacht. Zum Marmorieren brauchen Sie gleich eine ganze Wanne davon, denn er ist der Farbträger, auf dem die Farbe schwimmt und später abgehoben wird. Als Vorarbeit müssen die Papiere in ein Beizbad getaucht werden, damit die Marmorierfarbe fest haftet. Der weitere Vorgang ist ganz einfach, die Kinder nehmen Marmorierfarbe und träufeln sie mit einem Stäbchen auf den Kleistergrund. Nun können sie beobachten, wie die Farbtropfen schon von alleine aussprühen. Ineinandergesetzte, verschiedenfarbige Tropfen ergeben interessante Kreisgebilde. Spaß macht es den Kindern jedoch, mit einem Stäbchen die Flecken ineinander zu verziehen, gerade, in großen Schleifen oder in Spiralen. Je mehr sie hin und herziehen, um so feiner werden die Zeichnungen, und es entstehen die eigentlichen Marmoriermuster. Die Kinder bekommen ein Gefühl dafür, welche Farben zu einander passen und geben mit den Farben ihrer Stimmung Ausdruck. Nach erfolgter „Bearbeitung" legen sie ein Zeichenblatt auf die Fläche und heben es vorsichtig ab. Die Farbe hat sich mit dem Papier verbunden. Nun müssen die Kinder nur noch den überschüssigen Kleister vom Blatt entfernen, indem sie es vorsichtig abspülen. Auf ausgelegten Zeitungen trocknen die herrlichen Buntpapiere.

Pädagogische Überlegungen

Alter: ab 8 Jahre   Einzelarbeit

Ziele:
- Förderung der Wahrnehmung beim Spiel der Farbe auf Kleistergrund
- Freude beim Verziehen der Farbe
- Erfassen erster chemischer Zusammenhänge (Farbe und Farbträger)
- Förderung des Vorstellungsvermögens bei Deutung der Farbbilder

Technische Überlegungen

Material und Werkzeug
- Zeichenpapier
- Tapetenkleister
- a) – Marmorierfarben
- b) – Plakafarbe
- Stöckchen
- alter Kamm, Plastikgabel

Sonstiges
- Zeitungen
- Entwicklerwanne
- Aluminiumsulfat (40 g pro 1 Liter)
- Spiritus

Ablauf der Technik
- a) – Papiere in Aluminiumsulfat tauchen, trocknen lassen
- Tapetenkleister nach Rezept anrühren,
- in Wanne füllen, 2–3 cm hoch
- Marmorierfarbe auftropfen, mit Gegenständen verziehen
- Zeichenpapier auflegen, langsam von der Mitte nach außen
- Blatt abheben, unter Wasser Kleister abspülen
- auf Zeitungspapier trocknen lassen
- b) – Tapetenkleister anrühren, in Wanne füllen
- Plakafarbe mit Spiritus aufrühren
- weiter wie unter a)

Methodische Überlegungen

Experimentierphase

Arbeitsauftrag: Erprobe die Rezepte unter a) und b) des technischen Ablaufs; erprobe verschiedene Gestaltungsmöglichkeiten mit Stäbchen oder Kamm (ziehen, kreisen)

Materialerfahrung: Kleister 2–3 cm hoch, da bei jedem Tunkvorgang Kleister abgehoben wird. Plakafarbe nicht zu dünn anrühren, versinkt sonst. Papier von der Mitte möglichst ohne Luftblasen auflegen. Wasser vorsichtig laufen lassen, Farbe verwischt sonst.

Gestaltungsphase

Arbeitsauftrag: Arbeite nach den technischen Hinweisen, versuche dein Bild zu deuten und durch Linien kenntlich zu machen.

Anwendungsmöglichkeiten:
Bilder, Bezugspapiere, Memorykarten, Puzzlespiele

Drucken

Einführung

Neben dem frühkindlichen Malen machen Kinder schon bald erste Erfahrungen mit Druckvorgängen. Sie kommen häufig ganz zufällig zustande, wenn die Kinder erleben, daß ihre nassen Füße auf dem Steinfußboden Spuren hinterlassen, oder wenn sie ihre farbverschmierten Hände auf ein Papier legen. Sie merken, daß Füße und Hände durch Aufdrücken auf einem Gegenstand sichtbar werden. Statt Hand und Fuß können die Kinder viele Materialien im Abdruck ausprobieren. Sie alle fallen dann unter den Begriff des Stempeldrucks. Der Stempel ist ein Druckelement, das mit Farbe versehen, auf Papier gepreßt, seine Struktur sichtbar werden läßt. Beim bildnerischen Gestalten können Sie mit Kindern Finger-, Kork-, Eierpapp-, Blätter- und Pinseldruck, sowie Kartoffel-, Material- und Pappdruck in der einfachen Form als Druckelemente benutzen. Beim Spiel mit diesen Materialien wird von den Kindern die Oberflächenbeschaffenheit mit Hand und Auge wahrgenommen. Sie entfalten Vorstellungsvermögen und Formgefühl, wenn sie die einzelnen Elemente zu Figuren und Ornamenten zusammenfügen. Mit Farben zu arbeiten entspricht dem kindlichen Bedürfnis; die Kinder erleben ein darstellendes Mittel, um ihren Gefühlen Ausdruck zu verleihen.

Neben den Druckelementen gibt es die Druckform, bei der wir Hoch-, Flach- und Tiefdruckverfahren unterscheiden. Bei der Arbeit mit Kindern haben wir es neben den Stempeldrucken am häufigsten mit den Hochdruckverfahren zu tun. Hierzu gehören Kartoffel-, Material- und Pappdruck in differenzierter Form sowie Kordel-, Styrene- und Linoldruck. Beim Gestalten einer Druckform, bei Anordnung und Formgebung, entwickeln die Kinder viel Phantasie und werden kreativ. Das Gestalten der Form, die im Ganzen abgedruckt wird, entspricht dem Vorstellungs- und logischen Denkvermögen der Kinder in diesem Alter. An Styrene- oder Linolplatten können die Kinder auch erste Erfahrungen mit dem Tiefdruck machen, je nachdem, ob die Oberfläche oder die Vertiefungen die Druckfarbe abgeben.

Mit Druckformen haben die Menschen schon seit Jahrhunderten Bild- oder Schriftzeichen auf Papier oder anderes Material wie Stoff oder Papyrus übertragen, um Informationen zu übermitteln oder zu speichern. Mit dem Wort Drucken denkt man an die Entwicklung der Buchdruckerkunst durch Gutenberg im 15. Jahrhundert. Gutenbergs Erfindungen waren die beweglichen Metalltypen, wodurch das Herstellen von Büchern wesentlich vereinfacht wurde. Es ist also das Verfahren, mit einzelnen Druckelementen (Lettern) immer neue Kombinationen herzustellen, im Gegensatz zur vollständigen Druckform einer Schriftseite. Dies zeigt, daß Einzelstempel sehr viel stärker die Kreativität fördern, da sie von den Kindern zu vielfältigsten Neuordnungen verwendet werden können.

Die Druckform bietet andererseits die Möglichkeit, Bilder schnell zu vervielfältigen. Mit Druckstöcken wurden aber auch jahrhundertelang Gegenstände verziert.

Grundschulkinder sollten häufig Gelegenheit erhalten, Drucktechniken als schmük-
kendes Element an ihren ersten Schreibübungen zu verwenden. Die Druckformen
sind individuelle, kreative Zeichenfindungen im Bild. Die Kinder erhalten durch
den Umgang mit Drucktechniken frühzeitig Einblick in das weitläufige Gebiet der
Graphik, das auch für Reklame benutzt wird. Sie werden sensibel für manipulierende
Informationen, da sie Zeichen verstehen, und entwickeln Interesse bei Kunst-
betrachtungen.

Arbeitsmaterial

Malgrund
Zeichenpapier
Tonpapier
Tapeten
Karton
Pappen

Farben
Fingerfarbe
Deckfarbe
Temperafarbe (EFA Super-Color)
Plakafarbe
Japan-Aqua
Buntstifte
Faserstifte
Kugelschreiber

Klebstoff
Alleskleber

Werkzeuge
Haar-, Borstenpinsel
Modellierholz
Universalsäge
Küchenmesser
Haushaltsschere

Druckplatten
Styreneplatten
Linoleumplatten

Experimentiergegenstände
Kartoffel
Flaschenkorken
Holzreste
Verschlußkapseln
Plastikteile
Radiergummi
Federn
Eierkarton
Baumwollkordel, Sisalschnur
Stecknadeln
Styropor-, Styreneabfälle

Linolwerkzeuge
Schneidebrett
Schneidefeder, Federhalter
Resopalbrett
Walze

Ergänzendes
einfaches Küchenbrett
Wasserbehälter
Zeitungspapier
Lappen, Malkittel, Schürzen

Fingerspiele – Fingerdruck (siehe Abb. 14)

Was passiert, wenn ein Kleinkind mit schmutzigen Händen vom Spiel im Freien hereinstürmt? Es patscht an die Tür, und schon sind alle fünf Finger zu sehen, oder es läuft barfuß über den Fußboden. Dabei erkennt es seine Hände und Füße als Abdrucke. Geben Sie den Jüngsten Papier und Farbe, damit sie ihre Erfahrungen im Spiel ausleben. Schon unsere ältesten Vorfahren malten mit Erden an Steinwände und überlieferten uns damit Informationen über Tiere ihrer Umgebung und Tätigkeiten des Alltags. Mit dem Fingerdruck kommen wir dem elementaren Wunsch nach Darstellung früh entgegen. Die Kinder können mit dieser Technik Grunderfahrungen mit ihrem Körper machen. Sie probieren Füße, Hände und alle Finger aus. Sie tupfen mit der Fingerkuppe und legen den Finger flach auf. Zu Anfang versuchen sie, mit den Fingern zu malen, weil sie mit der Linie Formen gestalten möchten. Das Tupfen will gelernt sein. Beim Abdrucken der einzelnen Finger nehmen die Kinder über die haptischen Sinne Papier und Farbe wahr. Die kleinen, noch ungeschickten Kinderhände, üben alle Finger einzeln als „Werkzeuge" zu benutzen. Regen Sie die Kinder an, die Farben auf die Finger der rechten und linken Hand zu nehmen, um die Feinmotorik beider Hände zu differenzieren. Es entstehen die ersten Muster und Figuren. Um einen Mittelpunkt werden Blütenblätter einer Blume getupft. Die Kinder malen mit dem Finger einen Stengel dazu. Sie reihen die Fingerdrucke wie Perlenketten aneinander und geben durch Farbwahl ihren Gefühlen Ausdruck. Schlangen und Schnecken entstehen, ein einzelner Fingerabdruck wird durch Buntstiftlinien zum Käfer. Zeigen Sie den Kindern, wie aus einem ganzen Handabdruck ein lustiges Gesicht wird. Sie tupfen Auge, Nase, Mund in die abgedruckte Handfläche, so daß phantasievolle Gestalten und Figuren entstehen. Die vielfältigen Kombinationen der Finger- und Handabdrucke wecken und fördern schon frühzeitig das Vorstellungsvermögen der Kinder.

Pädagogische Überlegungen

Alter: ab 3 Jahre   Einzel- oder Gruppenarbeit

Ziele:
- Freude an der elementaren Tätigkeit
- Schulung der Feinmotorik und Bewußtwerden der Körperteile
- Wahrnehmungsschulung durch Erkennen unterschiedlicher Abdrucke (Fingerstruktur erfahren)
- Kreativität durch Umgang mit Farben und Anordnung
- Vorstellungsvermögen fördern durch Zuordnung der Abdrucke zu Kleinfiguren

Technische Überlegungen

Material und Werkzeug
- Zeichenpapier, Tonpapier, Tapeten
- Fingerfarbe, Deckfarben,
- eventuell Pinsel
- Bunt-, Filzstifte (Verzierung)

Ablauf der Technik
- Finger in Wasser tauchen
- Finger auf Lappen leicht abtupfen
- Finger in Farbnapf reiben
- Finger abdrucken

Methodische Überlegungen

Experimentierphase

Arbeitsauftrag: Erprobe, wieviel Wasser du brauchst; erprobe Finger in unterschiedlicher Richtung anzuordnen; tupfe mit Fingerspitze oder lege den Finger flach auf; drucke mit Fingerfarbe Hand und Fuß ab.

Materialerfahrung: Nicht zu viel Wasser, sonst erkennt man die Fingerstruktur nicht, Finger zwischendurch säubern, sonst Mischfarben.

Gestaltungsphase

Themen:
- Luftballons
- Blumen, Bäume
- Tiere, Osterhase
- Dschungelbild
- Phantasiefiguren
- Freundschaft

Arbeitsauftrag: Setze große und kleine Fingerabdrucke aneinander, so daß ein Tier entsteht. Mit Bunt oder Filzstift kannst du dein Bild verzieren.
Drucke deine Hand ab und tupfe mit dem Finger ein Gesicht hinein (viele Kinderhände).

Anwendungsmöglichkeiten: Geschenkpapier, Einladungskarten, Pappteller, Bilderrahmen, Geburtstagsposter
Stoffmalfarbe: T-Shirts, Taschen, Turnbeutel, Sets

Proppentrecker – Korkdruck (siehe Abb. 15)

Korken finden sich in jedem Haushalt und häufig werden sie achtlos weggeworfen. Nur wenige wissen, daß der Korken aus der Rinde der Korkeiche gewonnen wird und somit ein wertvolles Naturprodukt ist. Kinder greifen aber spontan nach ihm, denn er birgt in sich einen hohen Aufforderungscharakter. Die Form des Korkens läßt sich von Kindern gut greifen. Die erste Möglichkeit mit ihm bildnerisch zu gestalten ist das Drucken. Schnell haben die Kinder Farbe auf die runde Fläche gestrichen und tupfen ihn wie einen Stempel auf das Papier. Die Drucktätigkeit und der Umgang mit leuchtenden Farben weckt ihre spielerische Gestaltungsfreude. Sie nehmen wahr, daß die Fläche in sich strukturiert ist. So können die Kleinen durch Drehen und Versetzen Muster bilden und ganze Flächen bedrucken. Die älteren Kinder möchten die Form des Korkens verändern und sägen ihn mit einer kleinen Universalsäge in Halb- und Viertelkreise. Sie entwickeln mit diesen geometrischen Formen phantasievolle Einzelgestalten. In Verbindung mit Finger- oder Pinseldruck leben die Kinder ihre volle Kreativität aus. Mit Stoffarbe können die Versuche bald für eine individuelle Gestaltung von Turnbeuteln oder Rhythmiksäckchen verwendet werden. Durch Ihre Anleitung können bei dieser einfachen Drucktechnik Kindergarten- und Hortkinder zu einer harmonischen Zusammenarbeit finden, indem die Hortkinder die Stempel herstellen und die Kleinen am Druckvorgang teilnehmen lassen.

Pädagogische Überlegungen

Alter: ab 3 Jahre   Einzel- und Gemeinschaftsarbeit
  mit ganzem Korken
  ab 7 Jahre
  Selbstgestaltung der Druckstempel

Ziele:
- Phantasieförderung bei Farb- und Formgestaltung
- Ausdauer und Konzentration beim Stempelvorgang
- Wahrnehmungsdifferenzierung beim Erfassen der Korkstruktur

Technische Überlegungen

Material und Werkzeug
- Flaschenkorken
- Zeichenpapier, Tonpapier, Karton
- Deckfarben, Plakafarben, Temperafarben
- Pinsel
- Universalsäge

Ablauf der Technik
- Farbe in den Pinsel nehmen
- Farbe auf den Korken auftragen
- abdrucken

Methodische Überlegungen

Experimentierphase

Arbeitsauftrag: Untersuche verschiedene Korken nach Größe und Struktur, drucke sie ab; erprobe, wieviel Farbe du auftragen mußt; versuche, verschiedene Muster zu bilden.

Materialerfahrung: Die Farbe darf nicht zu naß sein, sonst wird die Korkstruktur nicht deutlich.

Gestaltungsphase

Themen: *Arbeitsauftrag:* Wähle einen runden Korken und baue
aus ganzen Korken: damit eine Pyramide.
- Autos   Wähle drei unterschiedliche Korkmodel und gestalte
- Häuser   eine vorgezeichnete Fischform, indem du Kopf, Bauch,
aus zugeschnittenen Korken: Schwanz und Flossen mit Drucken eines Models ausfüllst.
- Blumen
- Vögel
- Fische

Anwendungsmöglichkeiten:
Bilder, Verzierung von Kästen, Domino- und Memoryspiele, Lesezeichen, Geschenkpapiere, Vorsatz- und Bezugspapiere

Kartoffelkönig — Kartoffeldruck

Ein Kartoffelvorrat ist in jedem Haushalt, und die Kinder mögen schon frühzeitig ihre Schneidekünste erproben. Gut festhalten, in der Mitte durchschneiden, schon haben die Jüngsten sich ihren ersten Druckstempel selbständig hergestellt. Die braunschalige Erdknolle liegt gut in der Kleinkinderhand, und ihre eigene Feuchtigkeit wirkt sich beim Abdruck günstig aus. Mit Deckfarbe streichen die kleinen Kinder die halben oder viertel Kartoffeln ein, und schon verbindet sich das Spiel des Druckvorgangs mit der kreativen Gestaltung. Mit den dicken „Kartoffelbäuchen" können sie vielfältig spielen. Mit einem Stift erwecken wir Gestalten zum Leben und entwickeln dabei ganze Spielhandlungen für ein Bilderbuch. Anmalen, Farbwahl, Anordnung, Druckvorgang, diese vielfältigen Bewegungsabläufe und Ausdrucksmöglichkeiten sollten die Erwachsenen früh anbieten.

Beim Kartoffeldruck werden in gemischten Gruppen alle Altersstufen ihren Fähigkeiten entsprechend gefördert. Die 5jährigen schneiden einfache Grundformen wie Quadrat, Dreieck, Rechteck und entwickeln sie bald zu Stern, Kreis und anderen Zierfiguren. Der Stempel kann ein- oder mehrfarbig bemalt werden. Bei einer Weiterentwicklung im Schulalter greifen die Kinder auf die Halbkartoffel zurück und erproben das Feld der Negativschnitte, indem sie aus dem Mittelfeld etwas herausschneiden. Ein altes Linolwerkzeug erleichtert diesen Vorgang, und die Entwicklung zu weiterführenden Drucktechniken wird deutlich. Mit dem einfachen Kartoffeldruck können die Kinder Figuren darstellen, Ziermuster entwickeln und ganze Mosaikbilder gestalten.

Man kann über die Verwendung von Lebensmitteln im Gestaltungsbereich unterschiedlicher Meinung sein. Sehen Sie aber, daß die Kartoffel in diesem Bereich zur geistig-seelischen Nahrung beiträgt, ist sie ebenso wertvoll wie als Nahrungsgrundlage im Magen.

Pädagogische Überlegungen

Alter: ab 3 Jahre (halbe Kartoffel),   Einzel-, Partner- oder Gruppenarbeit
ab 5 Jahre (einfache Schnittformen),
ab 8 Jahre (Negativschnitte)

Ziele:
- Motorische Förderung beim Schneiden und Drucken
- Treffsicherheit beim Drucken auf der Fläche
- Förderung des Vorstellungsvermögens (Farb-, Formgebung)
- Phantasieanregend bei der Motivwahl
- Formempfinden bei Ornamentgestaltung
- logisches Denken beim Negativschnitt und Flächengestaltung

Technische Überlegungen

Material und Werkzeug
- feste Kartoffel
- Küchenmesser (Linolwerkzeug)
- Schneidebrett
- Tonpapier
- Deckfarben
- Pinsel

Ablauf der Technik
- Kartoffelstempel zuschneiden
- mit Farbe einstreichen
- abdrucken

Methodische Überlegungen

Experimentierphase

Arbeitsauftrag: Erprobe, wie naß die Farbe sein darf und wie lange ein Stempel Farbe abgibt;
erfinde spielerisch Muster und Figuren.

Materialerfahrung: Farbe nicht zu wäßrig, bei dunklen Papieren Farbe mit Deckweiß mischen.
Stempel sind nicht lagerungsfähig.

Gestaltungsphase

Themen: *Arbeitsauftrag:* Nimm Halbe und Viertel Kartoffeln und
- Menschen   gestalte daraus den Kartoffelkönig.
- Drachen   Schneide dir eigene Formen aus und gestalte daraus
- Häuser   dein Traumschloß.
- Blumen, Bäume
- Traumschloß

Anwendungsmöglichkeiten:
Bilder, Gemeinschaftsposter, Bilderbücher, Schmuckpapiere, Einbandhüllen

Oh du dickes Ei – Eierpappdruck (siehe Abb 26)

Schon wieder einen Eierkarton vom Einkaufen mitgebracht. – Wegwerfen? – Viel zu schade! – Sehen Sie ihn mit den Kindern doch einmal genau an: Die gepreßte Muldenform für das dicke Ei hat am Kastenboden ein interessantes Muster, das es lohnt, durch Farbe einmal sichtbar zu machen. Wir brechen die Mulden auseinander, und schon haben wir einen in sich strukturierten Druckstempel. Die Kinder streichen Deckfarbe auf die Form, die einen Teil der Feuchtigkeit aufsaugt, sie beim Drucken aber auch wieder abgibt. Die kantigen Drucke mit einem Innenring ergeben ein wirkungsvolles Flächenmuster. Nach dem Experimentieren entwickeln die Kinder bald figürliche Darstellungen, Autos und Eisenbahnen, Häuser und Türme. Als Ergänzung finden wir am Eierkarton noch einen kleinen Druckstock, die Abgrenzung zwischen den Eiermulden. Sie kann als Kontrastform eingesetzt werden. Drucken macht aber auch großflächig als Partner- oder Gruppenarbeit Spaß. Mit einem breiten Pinsel und Temperafarbe aus einem großen Napf läßt sich mit dem ganzen Eierkarton drucken. Der Kastenabdruck erinnert uns an einen Mauerstein, und die Kinder werden beim Druckvorgang zu wahren Maurer- und Malermeistern. Diese Großaktion entspricht dem Bewegungsdrang der Kinder und läßt sie von der Sitzhaltung am Tisch freikommen. Sie können sich beim „Hausbau" kreativ voll ausleben, und das Herstellen einer gemeinsamen Sache fördert und festigt die Beziehungen in der Gruppe.

Pädagogische Überlegungen

Alter: ab 3 Jahre   Einzel- , Partner- und Gruppenarbeit

Ziele:
- Förderung der Kreativität (Gestalten mit ungewöhnlichem Material)
- Freude am Maurer-/Malerspiel
- Form- und Farbschulung beim Flächen und Figurendruck
- Förderung der Grobmotorik bei Gemeinschaftsgroßprojekt
- Spannungsabbau durch Ausleben von Spielaktionen

Technische Überlegungen

Material und Werkzeug
- Eierkartons (6-er oder 10-er Packung)
- Zeichenpapier, helles Tonpapier, Tapetenrollen
- Deckfarben oder Super Color Flaschen EFA
- Borstenpinsel unterschiedlicher Stärke
- Malbehälter, Lappen

Ablauf der Technik
- Eierkarton auseinanderbrechen
- Eierkarton anmalen
- abdrucken

Methodische Überlegungen

Experimentierphase

Arbeitsauftrag: Schaue die Eierkartonform genau an, erprobe, wieviel Farbe du nehmen mußt; finde verschiedene Muster und Figuren heraus; erprobe, mit dem ganzen Karton zu drucken.

Materialerfahrung: Farbe nicht zu trocken, der Karton saugt Farbe auf.

Gestaltungsphase

Themen:
- Reihung
- Flächenmuster
- Auto, Eisenbahn
- Frosch
- Zirkusclown

Arbeitsauftrag: Nimm eine Eiermulde und drucke mit unterschiedlichen Farben ein Auto.
Streiche den ganzen Eierkartonboden an und benutze die Form als Großbaustein. Baue mit deinem Freund zusammen ein Haus oder eine Brücke

Anwendungsmöglichkeiten:
Bilder, Kulissen für Kleintheater. Wand- und Dachgestaltung für Kartonhäuser, Lesezeichen, Geschenkpapiere.

93

Blattgeflüster – Blätterdruck (siehe Abb. 27)

Mit welcher Freude laufen Kinder durch das gefallene Laub, werfen es hoch, lassen sich hineinfallen. Von dieser Freude sollten Sie etwas mit in den Gruppenraum tragen. Beim Spiel im oft nur braun wirkenden Laubhaufen können Sie die Kinder auf die verschiedenen Farben und Formen der Blätter aufmerksam machen und zum Sammeln anregen. Das Lebensgefühl des freien Spiels, der Geruch nach feuchtem Laub, das Licht der Sonne oder der graue Schleier des Nebels sind Eindrücke, die Sie dem Kind vor den bildnerischen Tätigkeiten vermitteln sollten. Im Gruppenraum machen die Kinder sich gleich mit den noch feuchten Blättern an die Arbeit. Angeregt durch die bunten Blätter wählen sie Deckfarben aus und streichen mit einem Pinsel die Unterseite des Blattes ein. Die Kinder erfassen im wahrsten Sinne die Strukturbeschaffenheit, glatte Oberseite, plastische Blattgefäße an der Unterseite. Bei den ältern Kindern kommen Fragen nach der Bedeutung auf. Der Erwachsene kann Sachinformationen spielerisch einfließen lassen. Die Kinder legen die eingestrichenen Blätter auf einen hellen Untergrund und drücken vorsichtig ab. Damit die Hand nicht zuviel verschmiert, legen die Kinder ein Abreibepapier über das zu druckende Blatt. Die Freude über einen gelungenen Abdruck ist groß.

Nach einiger Einzelerfahrung, regen Sie die Kinder an, Blätter- oder Waldmännchen, einen Blätterfisch oder -vogel oder auch einfach einen hohen Blätterhaufen zu drucken, in dem später ein Igel Winterquartier beziehen kann. Die Phantasie der Kinder erwacht. Sprechen Sie mit den Kindern über die verschiedenen Formen und Farben der Blätter, spitz, gezackt, gelappt, gebuchtet und die sichtbar gewordenen Blattgefäße. Dieses Naturstudium in Verbindung mit der Tätigkeit fördert neben Form und Farbdifferenzierung die Wertschätzung der Natur durch Beobachtung und Erkenntnisse. Themen über Zerfall und Neugestaltung können mit den älteren Kindern aufgegriffen werden. Die Kinder können die vielen bunten gedruckten Blätter auch ausschneiden, eine gute feinmotorische Übung. Auf einem großen Tonpapier entsteht dann unter Ihrer Anleitung eine Gemeinschaftscollage, Laubboden oder Baum. Ein Wandfries, der mit Pilzen und Igeln weiter ausgestaltet wird, kann den Gruppenraum über einen langen Zeitraum verschönern. Die Igel können aus Ahornfruchtständen entstehen (Naturcollage). Neben den Collagen können unter Ihrer Anleitung vielerlei Gesellschaftsspiele aus Blätterdruck entstehen.

Pädagogische Überlegungen

Alter: ab 4 Jahre   Einzel- und Gruppenarbeit

Ziele:
- Wahrnehmen von Gegenständen und Vorgängen in der Natur
- Förderung der Form- und Farbdifferenzierung
- Förderung des Kausaldenkens bei Zuordnungsbegründungen
- Förderung der Feinmotorik bei Druck- und Schneidevorgängen
- Phantasieanregend bei der Bildgestaltung

Technische Überlegungen

Material und Werkzeug
- Deckfarben oder Plakafarben
- Pinsel
- Zeichenpapier oder helles Tonpapier
- Papier zum Anreiben

Ablauf der Technik
- Blätter sammeln
- frische Blätter mit Deckfarbe einstreichen
- auf Zeichenpapier legen
- mit Anreibepapier überdecken und andrücken

Methodische Überlegungen

Experimentierphase

Arbeitsauftrag: Untersuche die Blätter nach ihrer Beschaffenheit; erprobe unterschiedliche Blattformen; erprobe die Farbe, wie fest oder flüssig sie sein darf.

Materialerfahrung: Blätter müssen noch frisch sein, sie brechen sonst; Farbe nicht zu naß und zu dick auftragen, schmiert; Anreibepapier verhindert Schmieren und Verrutschen der Blätter.

Gestaltungsphase

Themen:
- Waldboden
- Waldmännchen
- Phantasievogel
- Blätterfisch
- Blätterhütte

Arbeitsauftrag: Drucke unterschiedlich geformte Blätter zu einem Blätterteppich
Suche die Blätterformen aus, mit denen du ein Waldmännchen oder Tier im Druckvorgang zusammensetzen kannst.

Anwendungsmöglichkeiten:
Bilder, Collagen, Wandfries, Brettspiel, Blattformenwürfel, Memory und Lottospiel, Phantasiebrettspiele

Doch von Pappe — Pappdruck (siehe Abb. 22)

Pappe ist in jedem Haushalt zu finden, denn die Verpackungsindustrie sorgt reichlich für Kästen, Kartons, Schächtelchen und Banderolen. Für die Kinder hat alles seinen Reiz, sie sehen die Dinge mit kreativen Augen. Auf einem Stück Pappe läßt sich malen, aus Pappe kann man viele Dinge kleben. Recht haben die Kinder, denn denken Sie doch einmal über den Namen nach: Das Wort Pappe kommt von pappen = kleben. Sie ist aus mehreren Lagen feuchten Papierstoffes hergestellt, und sie kann gelb, grau, braun oder weiß aussehen. Pappe ist nicht so flach wie Papier und läßt sich nur mit einer starken Schere schneiden. Pappabschnitte haben Kanten, mit denen die jüngeren Kinder wunderbar drucken können. Sie streichen die Kanten mit Farbe ein, und schon entstehen Kreuze, Sterne, Kästen und Bögen, denn Pappe läßt sich auch biegen. Nun wechseln die Kinder zur Fläche, zu Anfang kann mit einfachen Formen gedruckt werden. Mit geometrischen Figuren lassen sich Städte und Fahrzeuge drucken. Reizvoll sind Verbindungen zwischen Kanten und Flächendruck. Die Kinder arbeiten mit Deck- oder Plakafarben, je nachdem, wie intensiv die Drucke sein sollen. So werden Form und Farbe erfahren und die Wahrnehmung differenziert.

Sie können die älteren Kinder anregen, gemeinsam ein Pappbild zu kleben. So entsteht ein richtiger Hochdruck-Bildstock. Haben sie schon Erfahrung im Umgang mit Linoldruckfarben, können sie das ganze Bild auf einmal abdrucken. Schneiden, kleben, farbwalzen, drucken — daran entwickelt sich die Feinmotorik der Kinder, und ihr Bildverständnis wächst. Also, weil es „von Pappe" ist, macht es Spaß und fördert die Kreativität der Kinder.

Pädagogische Überlegungen

Alter: ab 5 Jahre   Einzel- und Gruppenarbeit

Ziele:
- Freude am Umgang mit Stempel und Farbe
- Schulung der Feinmotorik beim Schneide- und Druckvorgang
- Wahrnehmungsdifferenzierung im Umgang mit Farbe und Form
- Erweiterung der Ausdauer und Konzentration beim Drucken
- Schulung des Vorstellungsvermögens beim Entwickeln der Figuren

Technische Überlegungen

Material und Werkzeug
- Pappen verschiedener Stärken
- Deckfarbe oder Plakafarbe, später Japan-Aqua
- Pinsel
- Schere, Alleskleber

Ablauf der Technik
a) – Pappkanten mit Farbe einstreichen
   – abdrucken
b) – Pappstücke zuschneiden
   – Fläche mit Farbe einstreichen
   – abdrucken
c) – unterschiedliche Pappteile auf eine Grundpappe kleben
   – ganze Fläche mit Farbe einstreichen
   – abdrucken

Methodische Überlegungen

Experimentierphase

Arbeitsauftrag: Probiere die Farbe aus und wie oft man mit einem Farbauftrag drucken kann; erprobe die verschiedenen Druckmöglichkeiten eines Pappstücks.

Materialerfahrung: Farbe darf nicht zu naß sein; Pappe nicht zu dick, biegt sich nicht und ist schwer zu schneiden.

Gestaltungsphase

Themen:
- Häuser
- Fahrzeuge
- Fische
- Früchte

Arbeitsauftrag: Schneide geometrische Formen aus und drucke daraus eine Stadt. Verwende die Teile als Flächen- und Kantendruck
Klebe geometrische Formen zu einem Pappbild mit Fahrzeugen, drucke das ganze Bild ab

Anwendungsmöglichkeiten:
Bilder, Grußkarten, Dominospiele, Schmuckblatt für Sammelmappen, Bilderbücher, Kalenderblätter

Baukastenspiele – einfacher Linoldruck

Wer erinnert sich noch daran, daß früher Fußböden mit Linoleum ausgelegt waren? Durch Kunststoffplatten und Steinfliesen ist dieses Material aus der Küche verdrängt, so daß Sie es als Restabschnitte kaum noch erhalten. Für den Gestaltungsbereich ist es aber noch im Handel, denn für Linoldruck begeistern sich Vorschulkinder, Schulkinder und Erwachsene, selbst Künstler benutzen ihn gern für graphische Arbeiten. Linoleum besteht aus einem Jutegewebe mit einer Leinöl-Korkmischung als Beschichtung. Die Kinder können es mit einer kräftigen Haushaltsschere schneiden und die einfachen Formen als Einzelstempel benutzen. Viele Kinder spielen ausgesprochen gern mit geometrischen Formen. Durch das Hämmerchenspiel, das es in vielen Kindergärten gibt, haben sie schon Übung, Figuren und Bildflächen zu gestalten. Zu diesem Spiel regen Sie nun mit Linoleumstückchen an. Die Kinder legen immer wieder neue Formen, verwerfen ihre Ideen und gestalten neu. Durch das Hin- und Herschieben üben sie sich im Bildaufbau. Je nach Alter benutzen sie die Fläche als Bodenstandbild oder Horizont- und Mehrstufenbild (siehe Übersicht S. 26). Die kleinen Kinder gestalten nach dem Baukastenprinzip Häuser, Autos und Eisenbahnen; die Großen gestalten Landschaften, Burgen und Brücken, aber auch Masken und Zirkusfiguren. Die Kinder können ihre Komposition immer wieder verändern, bevor sie sie auf eine feste Pappe kleben. Die Kleinen lernen im Umgang mit dem Material spielerisch Namen der geometrischen Formen, sie entwickeln Vorstellungsvermögen und Phantasie, wenn sie Figuren erfinden. Den Kindern in der Grundschule helfen Sie, Linie und Fläche in ein ausgewogenes Verhältnis zu bringen und ihren Blick für Flächenaufteilung zu schulen.
Nun geht es an den eigentlichen Druckvorgang. Mit der Walze bringen die Kinder Japan-Aqua-Farbe auf die Druckplatte, gleichmäßig dünn. Sie legen ein Papier darauf und reiben es fest an. Dazu benutzen sie am besten eine saubere Walze, denn sie müssen kräftig drücken. Den Kindern macht der handwerkliche Umgang viel Freude, und es kommt Bewegung in die Gruppe. Die Kinder in Hort und Grundschule können Linoldrucke nach dem Baukastenprinzip auch als Mehrfarbendruck herstellen. Sie drucken die Figuren mit unterschiedlicher Farbe versetzt auf einem Blatt ab oder gestalten Figuren und Hintergrund in zwei Platten und drucken diese übereinander. Hierfür ist schon einige Übung und Ausdauer notwendig, denn die Druckfarbe muß jedes Mal trocknen, damit es klare Farben gibt. Die Erfahrung, daß der Abdruck immer seitenverkehrt erscheint, fördert neben Vorstellungsvermögen logisches Denken.

Pädagogische Überlegungen

Alter: ab 5 Jahre   Einzelarbeit

Ziele:
- Spielfreude entwickeln beim „Bauen" mit Linolteilen
- Förderung des Vorstellungsvermögens beim Spiel mit den Formen
- Begriffsbildung im Umgang mit abstrakten Formen
- Förderung manueller Fertigkeiten im Umgang mit Werkzeugen
- Handkräftigung beim Schneiden und Drucken
- Förderung des logischen Denkens beim Druckvorgang

Technische Überlegungen

Material und Werkzeug
- Linoleum
- Haushaltsschere
- feste Pappe
- Alleskleber
- Japan-Aqua
- Resopalbrett, Walze
- saugfähiges Papier

Ablauf der Technik
- Linoleum mit Schere zuschneiden
- mit Linoleumteilen bauend gestalten, auf Pappe aufkleben
- Japan-Aqua auf das Resopalbrett geben
- Walze gleichmäßig einfärben, Farbe auf Druckstock walzen
- Papier auf Druckstock legen, mit sauberer Walze andrücken

Methodische Überlegungen

Experimentierphase

Arbeitsauftrag: Schneide das Linoleum in kleine Stücke und „baue" immer wieder neue Figuren und Bilder.

Materialerfahrung: Die Figurteile sollten nicht zu weit voneinander liegen; ausgewogene Abstände innerhalb einer Figur; nicht zu dick einwalzen.

Gestaltungsphase

Themen:
- Haus, Städte
- Auto, Eisenbahn
- Burg, Brücke
- Zirkusfiguren
- Masken

Arbeitsauftrag: Klebe aus deinen Einzelteilen eine Figur und drucke sie ab. Gestalte für deine Figur einen Bildhintergrund, drucke ihn ab; drucke nach dem Trocknen deine Figur in einer anderen Farbe hinein.

Anwendungsmöglichkeiten:
Bilder, Gemeinschaftscollagen
Mit Stoffarbe: Sets, Einkaufstaschen, Turnbeutel, Werkschürzen

Kunst mit der Obstpalette – Styrenedruck (siehe Abb. 25)

Sie betrachten mit den Kindern Bilder, die aussehen wie Linoldruck. Aber diese Technik ist viel einfacher, es ist der aus Japan stammende Styrenedruck. Styrene und Styropor sind Hartschaumstoffe, die zur Verpackung und Abdichtung benutzt werden. Technische Geräte liegen beim Kauf in weißem Styropormaterial, Obst wird auf einer hellgrünen oder lila Styrenepalette, mit Folie überzogen, verkauft. Solange wir uns nicht gänzlich von übermäßigem Verpackungsmaterial trennen, können wir es wenigstens für gestalterische Zwecke kreativ nutzen. Die Kinder können Styropor mit einem in Wasser getauchten Messer schneiden, ohne daß es quietscht, für Styrene genügt eine Schere, weil es dünne Platten sind. Die Obstpaletten haben in sich Strukturmuster, mit dem die Kinder die ersten Drucke fertigen können. Erste Erfahrungen machen sie schon an einem einfachen Rechteckdruck, mit roten Tonpapierdächern entsteht in Gemeinschaftsarbeit eine kleine Stadt. An den aus Styropor geschnittenen Fischchenfiguren nehmen die Kinder die kleinen Kugeln in der Struktur wahr, sie wirken wie Fischschuppen. Styrene gibt es aber auch für wenig Geld zu kaufen, und mit einfachsten Werkzeugen kommen die Kinder zu einem Weißlinienschnitt. Das Material ist so weich, daß sie es mit einem Kugelschreiber eindrücken können, dadurch läßt sich jedes Bild gestalten. Eine herrliche Technik, um mit Kindern auf einer Ferienfreizeit eigene Postkarten herzustellen. Voraussetzung ist, daß die Kinder den Umgang mit Japan-Aqua schon kennen. Deckfarben werden vom Hartschaum abgestoßen, während Japan-Aqua darauf klebt. Das Spiel mit Struktur und Linie sowie der Druckvorgang fördern neben Vorstellungsgabe das logische Denkvermögen der Kinder.

Beim Herstellen des Druckstocks gibt es viel zu bedenken, aber lassen Sie die Kinder auch durch Experimentieren lernen, es macht gar nichts, wenn ein Druckstock mal nicht gelingt, denn ein neuer ist schnell und preiswert hergestellt. Die Ausdauer wird dabei nicht überstrapaziert. Styrenedruck sollte in jedem Fall als Vorerfahrung zum Linoldruck mit Kindern erprobt werden, auch weil er sich im Gegensatz zum Linoldruck sehr schnell mehrfarbig gestalten läßt. Bei aller Aufgeschlossenheit für Umweltfragen ist doch zu beachten, wie sich an diesem Material, das sonst achtlos weggeworfen wird, die Kreativität entfalten kann. Beim Betrachten der fertigen Arbeiten ist es sinnvoll, über Umweltfragen zu sprechen.

Pädagogische Überlegungen

Alter: ab 6 Jahre   Einzel- und Gruppenarbeit

Ziele:
- Wahrnehmungsschulung beim Erkennen der Struktur und Gestaltung
- Förderung des Vorstellungsvermögens bei Druckstockfertigung
- Förderung der Phantasie beim Entwickeln der Motive
- Förderung des logischen Denkens beim Druckverfahren
- Förderung der Feinmotorik beim Zeichnen, Walzen und Drucken
- Entwickeln des Umweltbewußtseins bei nachbereitenden Gesprächen

Technische Überlegungen

Material und Werkzeug
- Styroporabfälle und Styreneplatten
- Zeichenpapier
- Kugelschreiber, Filzstift, Modellierholz
- Japan-Aqua
- Resopalbrett
- Walze, Schere, Messer

Ablauf der Technik
a) – Styropor oder Styrene zuschneiden und abdrucken
b) – mit Kugelschreiber auf Styreneplatte zeichnen
- Japan-Aqua auf das Resopalbrette geben
- Walze gleichmäßig einfärben
- Farbe gleichmäßig auf Styrenedruckstock walzen
- abdrucken

Methodische Überlegungen

Experimentierphase

Arbeitsauftrag: Experimentiere mit Styropor und Styrene, schneiden, brechen, drücken; erprobe die Wirkung von Kugelschreiber, Filzstift; erprobe ein unbearbeitetes Stück im Abdruck; erprobe die ersten Linien im Abdruck.

Materialerfahrung: Styreneplatten müssen vorsichtig behandelt werden, da jede ungewollte Kerbe sichtbar bleibt; nicht zu dick einwalzen.

Gestaltungsphase

Themen: *Arbeitsauftrag:* Drucke verschiedene Styrenestücke zu
- Stadt   einer Figur.
- Tiere   Zeichne nach deinen Vorstellungen eine Darstellung in die
- Zirkusfiguren   Styreneplatte und drucke sie ab.
- Fahrzeuge

Anwendungsmöglichkeiten:
Postkarten, Tischkärtchen, Gemeinschaftsposter

Krimskram – Materialdruck

Haben Sie in Ihrem Gruppenraum, in Ihrer Klasse auch eine Kiste, in die man alles Gefundene und Gesammelte hineinwirft? In ihr können die Kinder auf Entdeckungsreise gehen, wenn wir einen Materialdruck herstellen. Es gibt Materialien, die für andere wertlos sind, wie Tubendeckel, Kronenkorken, Fläschchen, Photohülsen u. a. Daneben stehen solche Materialien, die für bestimmte Zwecke gebraucht, aber artentfremdet angewandt werden, wie Drahtgitter, Korbgeflecht, Büroklammern, Mullbinden, Legosteine, Wäscheklammer u. ä. Als erstes sortieren die Kinder die gefundenen Gegenstände nach selbsterkannten Eigenschaften und Formen. Wahrnehmungsschulung und Förderung des logischen Denkens beim Zuordnen sowie die damit verbundene Sprachförderung zeigen, wie wichtig dieser erste Schritt ist. Die Kinder sollten schon Vorerfahrungen im Druckvorgang haben. Die Druckstöcke werden alle einmal erprobt, sie lassen sich, so wie sie sind, abdrucken. Die Kinder entwickeln nun spielerisch Formen und Figuren auf dem Papier. Die verschiedenen Stempelformen ermöglichen auf größerer Papierfläche differenzierte Bildgestaltung.

Mit Materialien aus dem Natur- oder Textilbereich, die nicht zu große Körperlichkeit aufweisen, können die Kinder Druckstöcke zu Collagen zusammenkleben. Aus „Spitzen- und Bordürenmännchen" entstehen im Druckverfahren Gemeinschaftsarbeiten, die feinste graphische Wirkung haben. Diese Figuren können ohne erneutes Anmalen in einer etwas anderen Anordnung zum zweiten Abdruck kommen, wodurch ein Phasendruck entsteht. Es ergeben sich an den überschnittenen Partien Verschleierungen. So werden die Kinder von einem einfachen Material zu einer gemeinschaftlichen Komposition geführt.

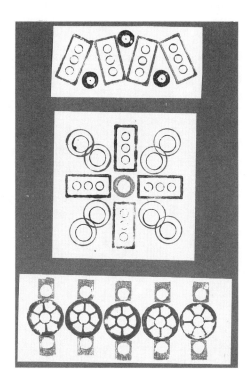

Pädagogische Überlegungen

Alter: ab 8 Jahre   Einzelarbeit

Ziele:
- Kreativität, durch Auswahl und Anordnung der Materialien, durch Farbwahl und Zusammenstellung
- Vorstellungsvermögen, bei Auswahl der Materialien für den Druck
- Feinmotorik, beim Anmalen und Abdrucken der Materialien
- Kennenlernen verschiedenster Materialeigenschaften
- Ausdauer und Durchhaltevermögen beim Drucken

Technische Überlegungen

Material und Werkzeug
- Gegenstände aus dem Alltag gefunden
  (Holz, Verschlußkapseln, Kronenkorken, Plastikteile, Radiergummi, Federn, usw.)
- Zeichenpapier, Tonpapier
- Deckfarben, Plakatfarben
- Pinsel

Ablauf der Technik
- Material auswählen
- mit Pinsel Farbe auftragen
- abdrucken

Methodische Übelegungen

Experimentierphase

Arbeitsauftrag: Probiere verschiedene Materialien auf ihren Abdruck aus; probiere, wieviel Farbe die verschiedenen Materialien benötigen; erprobe verschiedene Gestaltungsmöglichkeiten.

Materialerfahrung: nicht alle Materialien nehmen gleich gut die Farbe an (Plastik); nicht zu viel Wasser nehmen, sonst verschmiert der Druck.

Gestaltungsphase

Themen: *Arbeitsauftrag:* Wähle versch. Materialien aus und gestalte
- Phantasietiere   Reihen- oder Flächenmuster.
- Häuser   Wähle Materialien aus und gestalte mit ihnen Phantasie-
- Autos   tiere.
- Eisenbahnen
- Vögel (Federn)

Anwendungsmöglichkeiten:
Bilder, Lesezeichen, Bezugspapiere
Mit Stoffmalfarbe: Sets, Taschen, Kopfkissen

Tupfenspiele – Pinseldruck (siehe Abb. 23)

Geben Sie Kindern einen Pinsel in die Hand, so denken sie nur ans Malen. Bis zum Schulalter ist das auch ganz selbstverständlich. Jedes Kind tupft aber auch mit dem Pinsel Punkte und dicke Flecken auf das Papier. Das könnte man nun schon Pinseldruck nennen. Erstaunlicherweise wird diese Drucktechnik nur selten angeboten, obgleich sie für Kinder im Schulalter vielfältige Gestaltungsmöglichkeiten bietet. Der Pinseldruck ist der Klecks oder die Spur, die man durch Aufdrucken oder Auflegen des nassen Pinsels auf ein Papier erhält. Die Kinder benutzen die Haare oder Borsten des Pinsels als Druckstock. Sowohl Haar- als auch Borstenpinsel sind geeignet. Für jüngere Kinder bietet der Borstenpinsel mehr Widerstand, der Haarpinsel verformt sich leicht. Im Gegensatz zu anderen Druckarten wird beim Pinseldruck vom Kind Leichtigkeit beim Auflegen des Pinsels gefordert. Der Borstenpinsel wirkt durch seinen kantigen Abdruck statisch. Themen wie Hochhäuser, Türme, Burgen, Brücken und Hochspannungsmasten lassen sich mit diesem Gestaltungselement verwirklichen. Der Haarpinsel dagegen zeigt sich organisch. Drehen die Kinder ihn nach jedem Abdruck, bleibt er tropfenförmig. Sie können ihn aber auch platt und gespreizt, oder gespalten anwenden. Etwas Übung brauchen die Kinder, damit der Druck nicht zu naß wird. Besonders reizvoll wirken Blüten, Gräser oder Insekten in einem Zweifarbendruck. Die Kinder waschen die Farbe nicht ganz aus dem Haarpinsel, bevor sie neue aufnehmen. Mit dem Pinseldruck wecken und fördern Sie bei den Kindern Strukturwahrnehmung. Neben der Erfindung von Kleinfiguren regen Sie die Kinder an, Vogelgefieder, Fischschuppen oder Igelstacheln ganzflächig zu gestalten.

Pädagogische Überlegungen

Alter: ab 8 Jahre   Einzelarbeit

Ziele:
- Kreativitätsförderung durch Farbwahl und Musterbildung
- Feinmotorik durch leichte Handführung
- Erlernen anderer Technik im Umgang mit dem Pinsel
- Förderung der Konzentration und Ausdauer

Technische Überlegungen

Material und Werkzeug
- Zeichenpapier, Tonpapier
- Haar- und Borstenpinsel verschiedener Stärke
- Deckfarbe, Plakafarbe
- Wasser, Lappen

Ablauf der Technik
- Farbe in den Pinsel nehmen
- von der Spitze ansetzend bis zum Schaft auf dem Papier abdrucken

Methodische Überlegungen

Experimentierphase

Arbeitsauftrag: Drucke mit unterschiedlichen Pinselstärken; verändere die Richtung der Druckform; versuche mit mehrere Farben im Pinsel zu drucken.

Materialerfahrung: Pinsel nach jedem Druck drehen, damit die Pinselform erhalten bleibt. Farbe nicht zu naß, damit die Struktur sichtbar wird.

Gestaltungsphase

Themen:
Haarpinsel
- Insekten
- Gräser
- Vögel, Fische
Borstenpinsel
- Hochhäuser
- Brücken

Arbeitsauftrag: Gestalte mit dem Haarpinsel die Schuppen eines Fisches, ohne die Drucke übereinanderzuschieben.
Drucke mit dem Borstenpinsel die Mauer eines Hauses und gestalte eine Großstadt.

Anwendungsmöglichkeiten:
Bilder, Grußkarten, Verzierungen auf Mappen und Geschenken

Gebündelte Bindfäden – Kordeldruck

Kinder spielen mit einem Springtau, sie lassen das Seil pendeln, kreisen, schlingern. Fällt es zu Boden, wird seine Form festgehalten. Regen Sie die Kinder an, nach ihren eigenen Bewegungsabläufen mit dem Seil Linien zu legen. Sie können so an ihre elementarste Malerfahrung anknüpfen; Linien entstehen als Spur einer Bewegung. Was mit dem großen Seil möglich ist, kann verkleinert mit Bindfaden nachvollzogen werden. Im Spiel mit der Schnur finden die Kinder immer wieder neue Zufallsformen, die ausgedeutet werden, bis jedes Kind seine Darstellung gefunden hat, Schlange, Schnecke, Fisch, Vogel. Ist die Form gefunden, wird sie mit Stecknadeln fixiert und aufgeklebt. Die Kinder haben einen Kordelstempel hergestellt, die älteren können mit kleinen Kordelstücken die Binnenfläche weiter strukturieren, sie haben dann eine Kordelcollage. Und jetzt beginnt das Drucken. Mit einer Walze werden die erhabenen Linien eingefärbt und auf dem Papier abgedruckt. Dabei lernen die Kinder den Umgang mit allen Werkzeugen des Linoldrucks. Sie erfassen die Schnur als Gestaltungsmittel, als Farbträger und wie die mitgedruckte Pappe das Bild beeinflußt. Bei vielfältigen Wiederholungen leben die Kinder ihren Tätigkeitsdrang aus, sie stärken Hand-, Arm- und Nackenmuskulatur. Der Druckstock ermöglicht Vervielfältigungen. Bei eigenen Kompositionen mit mehreren Figuren und bei Gemeinschaftsarbeiten können die Kinder ihre Kreativität voll ausleben. Die Erfahrung mit dem Springseil kann den Erwachsenen anregen, ein Großprojekt mit „Springseilschnecken" zu starten. Der Ursprung dieser Technik liegt im rhythmischen Bewegungsbereich, nicht im Materialdruck, wie verschiedentlich formuliert wird.

Pädagogische Überlegungen

Alter: ab 8 Jahre   Einzelarbeit

Ziele:
- Entspannung durch freirhythmisches Spiel mit der Schnur
- Förderung der Formvorstellung (finden der Darstellungsabsicht)
- Phantasieanregung bei Interpretation der Zufallsformen
- Ausdauer und Konzentration beim Fadenlegen
- Kreativität bei flächengestaltendem Drucken
- Sorgfältigkeit beim Umgang mit Werkzeugen und Farbe

Technische Überlegungen

Material und Werkzeug
- Baumwollkordel oder Sisalschnur
- Graupappe vom Zeichenblock
- Schere, Stecknadeln
- Alleskleber
- Zeichenpapier

- Resopalbrett
- Linolwalze
- Japan-Aqua

Ablauf der Technik
- auf Pappunterlage mit Schnur Figuren legen
- mit Stecknadeln fixieren
- festkleben, trocknen lassen
- Farbe auf Resopalbrett geben
- Walze gleichmäßig einfärben
- Druckstock auf Papier legen, abdrucken

Methodische Übelegungen

Experimentierphase

Arbeitsauftrag: Finde mit der Schnur zu einer Darstellungsform; erprobe den Umgang mit Walze und Farbe; probiere verschiedene Farben aus.

Materialerfahrung: Bindfaden nicht zu dünn, Farbauftrag nicht zu dick, schmiert; sparsamer Umgang mit Klebstoff, schmiert.

Gestaltungsphase

Themen:
- freies Linienspiel
- Schlange, Raupe
- Fisch, Vogel
- Drache

Arbeitsauftrag: Finde eine Darstellung, die sich aus deinem Spiel mit der Schnur ergibt, in die freien Flächen setze Ringe, Spiralen oder Schlangenlinien als Verzierung, drucke dein Ergebnis ab.

Anwendungsmöglichkeiten:
Gemeinschaftsbilder, Lottospiel, Großbildaktion mit Springseil

107

Geritzter Fußbodenbelag – Weißlinienlinoldruck

Die Kinder sind stolz, wenn sie endlich Spezialwerkzeuge in die Hand bekommen. Durch ihre Vorerfahrungen bei den „Baukastenspielen" wissen sie, was Linoleum ist und lernen nun die Linolschnittfeder kennen. Zeigen Sie ihnen als erstes den „Geißfuß". Mit der V-förmigen Feder erleben die Kinder das „Zeichnen" in einem besonderen Material. Sie können nach Belieben Motive erfinden und ihre Phantasie ausleben. Linoldruck muß nicht erst in der Sekundarstufe als graphische Technik erlebt werden. Der frühzeitige Einsatz des Werkzeugs trainiert die Kinder in ihrer Handgeschicklichkeit. Zu den Linolschnittfedern gehört ein Federhalter. Bei handelsüblichen Werkzeugen hat er eine der Hand angepaßte Birnenform. Die Kinder üben das Einsetzen der Feder und erproben sie an einem Abfallstück Linoleum. Das Material leistet den Kindern Widerstand, sie müssen Kräfte einsetzen und steuern. Die neue Aufgabe reizt zur Bewältigung. Um Verletzungen vorzubeugen, schaffen Sie Schneidebretter an. Geschickte Väter stellen sie leicht selber her (2 Leisten werden im rechten Winkel auf eine Holzplatte geleimt. Eine Leiste am vorderen unteren Plattenrand befestigt, verhindert das Wegrutschen auf dem Tisch). So liegt das Linolstück fest, und die Tische werden geschont. Lassen Sie die Kinder ohne Themenstellung an dem Material experimentieren. Ermuntern Sie sie, möglichst lange Linien aus dem Material herauszuheben. Nach den ersten geraden Lang- und Kurzlinienversuchen üben die Kinder geschwungene Linien. Die Ergebnisse der ersten Schnittübungen werden noch nicht gedruckt. Die Kinder nehmen Wachsmalblöcke und reiben die Linolplatten wie bei einer Frottage durch. So erkennen sie die Wirkung ihrer Schnitte. Jetzt zeichnen sie ein beliebiges Motiv auf ihre Platte und versuchen es, den Linien folgend, herauszuheben.

Wir erinnern uns, mit welcher Mühe und Geduld Kinder den Umgang mit einer Schere übten. Beim „geritzten Fußboden" wird ein ähnliches ausdauerndes Training erforderlich. Gerade im Hort sollten Sie den Kindern dieses Material zum gezielten kreativen Krafteinsatz anbieten. Die Kinder kennen den Druckvorgang inzwischen von anderen Techniken. Die Walze wird mit Japan-Aqua eingefärbt, und die Farbe gleichmäßig auf dem Druckstock verteilt. Die Kinder legen ein Blatt Papier darüber und drücken mit einer sauberen Walze an. Das Ergebnis ist ein Weißliniendruck. Ein lustiges Wechselspiel entsteht, wenn die Kinder bei einem zweiten Verfahren weiße Farbe auf die Linolplatte geben und sie auf schwarzem Tonpapier abdrucken. Es entsteht ein Schwarzliniendruck. Entsprechend können sie natürlich auch mit anderen Farben spielen (rot-weiß, blau-gelb). Der Umgang mit dem neuen Werkzeug erfordert von den Kindern neben Krafteinsatz Konzentration und gezielte Steuerung. Im Gegensatz zu den „Baukastenspielen" haben die Kinder die Möglichkeit zur freien bildnerischen Gestaltung. Sie sind nicht an vorgegebene Formen gebunden und können jedes Thema ausgestalten, soweit die Schneidefeder es zuläßt.

Pädagogische Überlegungen

Alter: ab 8 Jahre   Einzelarbeit

Ziele:
- Förderung manueller Fertigkeiten im Umgang mit einer Schneidefeder
- Handkräftigung beim Schneiden und Drucken
- Förderung des Vorstellungsvermögens bei Herstellung der Platten
- Förderung der Phantasie bei Motivfindung
- Freude am wiederholten Druckverfahren

Technische Überlegungen

Material und Werkzeug
- Linoleum
- Linolschneidefeder „Geißfuß", – Federhalter
- Linolschneidebrett
- Japan-Aqua
- Resopalbrett, Walze
- saugfähiges Papier, Tonpapier
- Filzstift

Ablauf der Technik
- Motiv auf Linolplatte zeichnen
- mit Geißfußfeder Linien herausheben
- Japan-Aqua auf Resopalbrett geben
- Walze gleichmäßig einfärben, Farbe auf Druckstock walzen
- Papier auf Druckstock legen, mit sauberer Walze andrücken

Methodische Überlegungen

Experimentierphase

Arbeitsauftrag: Erprobe gerade und geschwungene Linien mit dem Geißfuß; übe, möglichst lange Streifen herauszuheben.

Materialerfahrung: Linoleum leistet Schneidewiderstand; geschwungene Linien erfordern Übung; Farbe dünn auf die Linolplatte auftragen.

Gestaltungsphase

Themen:
- Rakete
- Roboter
- Funkturm
- Brücken

Arbeitsauftrag: Ritze mit dem Geißfuß beliebige Zeichnungen in die Linolplatte und drucke sie ab. Drucke deinen Linolschnitt auf unterschiedlichen Papieren ab.

Anwendungsmöglichkeiten:
Kalenderblätter, Briefkarten, Dominospiele, Kassettencover, „Ex libris"
Mit Stoffarbe: Stoffsäckchen, Tischsets, Borten

Wachsfarben

Einführung

Der Wachsmalstift, den es auch in Form von Blöcken oder „Birnen" gibt, ist das geeignetste Malwerkzeug, das man Kleinkindern für erste Malversuche in die Hand geben kann. Er ist weich, hinterläßt breit leuchtende Spuren auf dem Papier und bricht nicht, noch trocknet er aus oder verbleicht. Das Kind kann seine volle Bewegungskraft hineinlegen, ohne daß der Malgrund gleich verletzt wird. Es kann mit ihm seine frühkindlichen Malstadien durchlaufen, er wird zu einem Spielzeug wie Bauklotz und Ball, den man greifen kann, der als Mitfahrer auf einem Auto zu gebrauchen ist, der aber auch die eigenen Bewegungen sichtbar macht und mit dem man Gefühle ausdrücken kann. Der Wachsmalstift hat Eigenschaften, die immer wieder neue Anreize zum Gestalten und Experimentieren geben, so daß er die Kinder durch ihre ganze Kindheit begleitet. Der Wachsanteil des Stiftes stößt Wasser ab, schmilzt bei Wärme (60° − 65°) und wird durch Terpentin aufgelöst. In Verbindung mit Wasserfarben oder Tuschen entstehen interessante batikähnliche Bilder. Mit Schabewerkzeugen können die Kinder gestaltend aus geschichteten Wachsflächen auskratzen. Mit dem Finger oder einem Radiergummi können sie die Farbe verwischen und frühzeitig erleben, daß sich Unebenheiten durchreiben lassen. Vom Malgrund begünstigt haftet oder schwimmt Wachsmalfarbe, wenn wir sie mit Wärme in Verbindung bringen.

Mit Wachsmalfarben können die Kinder die Welt erobern, sie geben ihrer Phantasie Ausdruck und zeigen ihre realen Erfahrungen. Sie erforschen sämtliche Materialeigenschaften, wenn der Erwachsene ihnen darüber Wissen vermittelt. Hierzu sollen die folgenden Techniken anregen. Da die Wachsmalstifte der verschiedenen Firmen sehr unterschiedlich sind, sei darauf hingewiesen, daß alle Techniken mit Wachsfarben der Firma Stockmar durchgeführt wurden.

Arbeitsmaterial

Malgrund
Zeichenpapier
Tonpapier, hell
Pappe
Seidenpapier
Architektenpapier

Farben
Wachsmalstifte, -blöcke
(Stockmar)
Deckfarben
Temperafarbe, schwarz
Tusche, Holzbeize

Klebstoff
Tapetenkleister
Alleskleber

Reaktionsmittel
Schuhcreme, weiß oder
farbig

Werkzeuge
Borstenpinsel
Schere
Schaber
Plastiklöffel
Rundholz mit „Schwesternnadel"
Radiergummi

Experimentiergegenstände
Korken, Holzstückchen, Sandpapier
Büroklammern, Münzen
Blätter, Federn
Kordel, Spitze, Bordüre

Ergänzendes
Bügeleisen, -brett
Wärmeplatte
Wasserbehälter
Zeitungspapier
Lappen
Malkittel, Schürzen

Bildverdunkeln – Wachsübermalen (siehe Abb. 4)

Jedes Kind malt gerne mit Wachsfarben, und für die kindliche Malentwicklung ist dieser Stift auch am geeignetsten. Lange Zeit malen Kinder in ihren Bildern noch nicht alle Flächen aus, denn die Gegenstände stehen für sie im Vordergund. Malen sie auf farbigen Papieren, verlieren die Wachsfarben an Leuchtkraft. Um die Kinder mit farbigem Hintergrund vertraut zu machen, können Sie sie auffordern, das Bild mit dünner Deckfarbe zu übersteichen, blau wie der Himmel oder grün wie das Gras. Vielleicht ist das Bild in den Augen der Kinder dunkler geworden. Das Bild drückt eine Stimmung aus. Die Kinder formulieren ihre Empfindungen, sie nehmen stärkere oder schwächere Kontraste wahr. Sie haben ein neues Ausdrucksmittel erfahren, das sie im weiteren gezielt anwenden können, wenn Sie ihnen ein Thema anbieten wie „Sternenhimmel", „Kinder beim Nachtspaziergang", „Laternenumzug" oder „Autos bei Nacht". Die Kinder sehen, daß die Deckfarbe auf den Wachsfarblinien nicht haftet. Das ist eine wichtige Materialerfahrung. Sie können sich zeichnerisch frei entfalten und erleben gleichzeitig eine neue Gestaltungsmöglichkeit. Durch den Überraschungseffekt macht die Technik den Kindern immer wieder Freude. Stockmar Wachsstifte eignen sich besonders, weil sie auch nach dem Übermalen noch intensiv leuchten.

Pädagogische Überlegungen

Alter: ab 4 Jahre   Einzel- oder Gruppenarbeit

Ziele:
- Freude am Farbgestalten
- Förderung der Motorik beim Malen
- Erfahren eines neuen Ausdruckmittels (Hintergrund)
- Erfahren erster Materialzusammenhänge (Wachs-Wasserfarbe)

Technische Überlegungen

Material und Werkzeug
- Zeichenpapier
- Wachsmalstifte oder -blöcke
- Deckfarben
- breiter Borstenpinsel
- Lappen

Ablauf der Technik
- ein Bild mit Wachsstiften malen
- mit Deckfarbe übermalen
- mit Lappen abtupfen
- trocknen lassen

Methodische Überlegungen

Experimentierphase

Arbeitsauftrag: Gestalte ein Motiv und male mit Deckfarbe darüber.

Materialerfahrung: Das Motiv muß dick aufgetragen werden; die Deckfarbe stark verdünnen.

Gestaltungsphase

Themen:
- Sternenhimmel
- Laternenumzug
- Nachtgespenster
- Fischzug

Arbeitsauftrag: Male dich selber, z. B. „Wenn ich abends schlafen gehe", und überstreiche das ganze Bild mit blauer Farbe.

Anwendungsmöglichkeiten:
Bilder, Wandfries

Schattenspiele − Frottage

Beim Schattentheater werden hinter einem Tuch oder dünnem Papier Figuren bewegt. Die Lichtquelle macht ihren Umriß sichtbar. Beim bildnerischen Gestalten können Kinder auch Schattentheater spielen. Halten wir Gegenstände hinter ein Papier, scheinen die Konturen durch. Legen Sie einige Gegenstände auf den Tisch und ein Papier darüber. Die Kinder ertasten die Gegenstände, eine wichtige Übung zur taktilen Wahrnehmung. Mit Wachsmalblöcken reiben die Kinder nun über flache ertastete Gegenstände. Sie sehen nicht nur die äußere Kontur, sondern alle Strukturen reiben sich durch. Auf diese Weise haben wohl viele Erwachsene in ihrer Kindheit Papiergeld gefertigt. Die Kinder können reliefartige Oberflächen durch dünnes, glattes Papier durchreiben. Der Wachsblock ist besonders geeignet, weil die Kinder mit ihm schnell zu farbintensiven Ergebnissen kommen. Als Materialien eignen sich Münzen, Blätter, Federn, Bordüren und viele andere zufällig gefundene Dinge. Ausgeschnittenes Papier läßt sich ebenso durchreiben wie Klebstofflinien auf einer Pappe. Mehr Übung brauchen die Kinder, wenn sie Kordeln, Stoff und Bordüren vorher zu Figuren kleben und durchreiben. Da alle Teile unter dem Papier verschoben werden können, machen die Kinder Erfahrungen mit einer Vervielfältigungs- oder Rapporttechnik. Daraus entwickeln sich gegenstandsbezogene Themen, ein Blatt kann ein Blätterhaufen werden, ein Baum ein Wald, ein Haus eine Stadt. Aus der einfachen ursprünglichen Durchreibetechnik entwickelt sich so eine graphische Flächengestaltung, bei der Materialerfahrung, Umweltbewußtsein, Sprachkenntnis, motorische Fertigkeiten gefördert werden. Ein „Schattenspiel", das die Phantasie und Kreativitität anregt.

Pädagogische Überlegungen

Alter: ab 4 Jahre   Einzel- oder Gurppenarbeit

Ziele:
- Förderung der taktilen Wahrnehmung beim Oberflächenertasten
- Kennenlernen verschiedenster Materialien
- Förderung des Umweltbewußtseins beim Finden der Gegenstände
- Förderung der Motorik beim Durchreibeprozeß
- Sprachförderung, (Wortschatzerweiterung, Mehrzahlbildungen)
- Förderung der Phantasie im Umgang mit den Materialien

Technische Überlegungen

Material und Werkzeug
- dünnes, glattes Papier oder Seidenpapier
- Wachsmalblöcke oder -stifte
- diverse Pappe
- vielerlei Gegenstände (Münzen, Büroklammern, Blätter, Federn, Holzstücke, Spitzen und Bordüren, Kordeln, Sandpapier, u. v. m.)
- Alleskleber

Ablauf der Technik
- gefundene Gegenstände unter das Papier legen
- festhalten
- mit Wachsblock durchreiben

Methodische Überlegungen

Experimentierphase

Arbeitsauftrag: Erprobe alle gefundenen Materialien, ob sie sich zum Durchreiben eignen; erprobe die Stärke des Farbauftrags; erprobe die Wirkung, wenn du einen Gegenstand unterm Papier verschiebst.

Materialerfahrung: Die Gegenstände dürfen nicht zu hoch sein; sie sollten Struktur haben; Farbe flächig aufreiben, sonst Strichwirkung.

Gestaltungsphase

Themen:
- Blätterwald
- Materialmännchen
- Spitzenprinzessin
- meine kleine Stadt
- Fische im Fisch

Arbeitsauftrag: Gestalte mit verschiedenen Materialien eine Figur, klebe sie auf eine Pappe und reibe sie durch. Nimm ein Blatt, reibe es durch und gestalte durch Verschieben einen Waldboden oder Laubhaufen.

Anwendungsmöglichkeiten:
Bilder, Bilderbuchgestaltung, Material für Collagen

Kerzenzauber – Wachsbatik

Eine „Zaubertechnik" ist für Kinder immer besonders spannend. Nachdem sie schon einige Erfahrungen mit dem Übermalen der Wachsmalstifte haben, malen sie mit der Spur einer weißen Paraffinkerze „Geheimzeichen" auf ihr Papier. Nur sehr zart erkennt man die Spuren, sie müssen ihre Augen schon tüchtig aufmachen. Mit einem dicken Pinsel ziehen die Kinder nun die Tusche oder Holzbeize über das ganze Papier. Hierbei können Sie mit den Kindern „Zauberer" spielen, denn „Hokuspokus" erscheint das geheimnisvolle Bild kontrastreich auf dem Papier. Dieses Spiel macht den Kindern auch nachher untereinander Spaß und regt sie zu Wiederholungen im freien Spiel an. Unter den Kerzenstrichen ist das Papier weiß geblieben. Die Kinder erfahren, wie man Linien aus einer Fläche ausspart und wiederum, wie Farbe auf Wachs reagiert. Wollen Sie die Linien ganz weiß haben, kann das Blatt abgewaschen werden, sonst genügt das Abtupfen mit einem Lappen. Statt weißem Papier geben wir den Kindern in der Weihnachtszeit z. B. rotes Tonpapier. Darauf malen sie geheimnisvoll „weiße" Kerzen. Mit dunkler Tusche überzogen zaubern sie rote Kerzen. Ein erstaunlich einfaches Geschenk für die Eltern. Ausgeschnitten werden sie zu einem besonderen Raum- oder Tischschmuck. Noch eine Variante für Raumschmuck bietet diese Technik. Bügeln Sie mit den Kindern die weißen Papiere, gibt das Wachs Fett ab und macht die Linien durchsichtig. So können die Kinder Transparente herstellen. Diese Technik bietet also vielfältige Möglichkeiten, kreativ zu werden.

Pädagogische Überlegungen

Alter: ab 5 Jahre   Einzelarbeit

Ziele:
- Freude am Überraschungseffekt
- Kennenlernen einer einfachen Reservierungstechnik
- Förderung der Wahrnehmung beim Malvorgang
- Förderung des Vorstellungsvermögens (Zaubermalerei – Tuschen)

Technische Überlegungen

Material und Werkzeug

- Zeichenpapier
- weiße Paraffinkerze
- wasserlösliche Holzbeize, Tusche
- Pinsel
- Lappen

Ablauf der Technik
- Motiv mit weißer Kerze aufmalen
- mit Holzbeize oder Tusche überstreichen
- mit Lappen abtupfen
- trocknen lassen

Methodische Überlegungen

Experimentierphase

Arbeitsauftrag: Male mit einer Paraffinkerze auf ein Blatt Papier, überstreiche es mit Farbe; erprobe die Wirkung von Holzbeize und Tusche.

Materialerfahrung: Holzbeize perlt über Wasserschicht ab, in unbemalten Stellen dringt sie in das Papier. Zu viel Tusche oder Beize auf Wachsschicht kann nach dem Trocknen abgerieben werden.

Gestaltungsphase

Themen:
- der weiße Fisch
- Schneemann
- Schneeglöckchen
- rote Weihnachskerzen

Arbeitsauftrag: Male mit der Paraffinkerze einen Fisch auf weißen Grund, übermale ihn mit blauer Beize oder Tusche. Male eine Kerze auf rotes Tonpapier und übermale sie mit schwarzer oder grüner Tusche.

Anwendungsmöglichkeiten:
Bilder, Grußkarten, Mobiles
Variation: nach Abbügeln – Transparente

Schwimmende Farben – Wachsbügeltechnik

Wachsmalfarben können schwimmen? Die Kinder werden neugierig auf das neue Spiel. Nehmen Sie ein Blatt Architektenpapier. Es hat eine so glatte Oberfläche, daß Wachsmalfarben nicht in das Papier eindringen. Diese Eigenschaft nutzen Sie aus. Ist der Wachsanteil im Malstift hoch, kann man ihn durch Wärme schmelzen; die Farbe schwimmt dann auf dem Architektenpapier. Nach einem kleinen Experiment gehen die Kinder selbst ans Werk. Sie malen großflächige Muster auf das transparente Papier, falten es in der Mitte und streichen mit Hilfe des Erwachsenen mit einem Bügeleisen darüber. Plötzlich schwimmt die Farbe zwischen dem Papier, die übereinanderliegenden Farben vermischen sich. Schnell das Papier öffnen, bevor die Farbe erkaltet! Vor den Kindern liegt ein leuchtend buntes Transparentpapier mit ungewöhnlich lebendigen Strukturen. Die Kinder haben Freude daran und können viele Dinge daraus fertigen, Laternen, Transparentbilder, Schmetterlinge und Blätter für die Fenster. Ist das Vorstellungsvermögen ausgeprägt, finden die älteren Kinder heraus, daß sie symmetrisch angelegte Bilddarstellungen bügeln können. Durch die entstehende Struktur bekommen die Bilder einen besonderen Reiz. In Verbindung mit einem Scherenschnitt können phantasievolle Transparente entstehen. Das Auftragen der Wachsfarbe fordert von den Kindern Geduld, Ausdauer und Krafteinsatz, der sich aber für die leuchtenden Ergebnisse lohnt.

Pädagogische Überlegungen

Alter: ab 5 Jahre   Einzelarbeit

Ziele:
- Freude durch gesichertes Erfolgserlebnis
- Förderung des Durchhaltevermögens beim Anmalen
- Stärkung der Handmuskulatur durch festes Aufdrücken
- Förderung der Kreativität durch Farbauswahl und Formgebung
- Erweiterung technischer Kenntnisse mit Wachs und Wärme
- Ausdifferenzierung der Wahrnehmungsfähigkeit bei der Interpretation der gebügelten Papiere (Vorstellungsvermögen)

Technische Überlegungen

Material und Werkzeug
- Wachsmalstifte
- Architektenpapier
- Bügeleisen

- eventuell Schere
- Zeitungspapier

Ablauf der Technik
- Architektenpapier mit Wachsstiften bemalen
- Papier zusammenfalten (Wachs nach innen)
- bügeln, schnell öffnen

Methodische Überlegungen

Experimentierphase

Arbeitsauftrag: Bemale ein Stück Architektenpapier und bügle es; erprobe die Stärke der Farbe; erprobe die Bügeltemperatur.

Materialerfahrung: Papier reißt leicht; Farbe dick auftragen, Bügeleisen nicht zu heiß, sonst Blasenbildung; Papier schnell öffnen, sonst reißt das erkaltete Wachs vom Papier ab.

Gestaltungsphase

Themen:
- freie Farbkompositionen
- Sonnenuntergänge
- Dschungel
- Schmetterlinge

Arbeitsauftrag: Male bunte Farben dicht an den Mittelbruch eines schmalen Papierstreifens, bügle ihn und schneide die entstehende Form aus.
Male am Mittelbruch des Blattes ein symmetrisches Bild und bügle es.

Anwendungsmöglichkeiten:
Lesezeichen, Postkarten, Tischkarten;
Transparente, Laternen, Fensterbilder

Schabefaxen – Wachssgraffito

Jedes Kind freut sich, wenn es mit bunten Wachsmalstiften eine Fläche ausmalen darf. Aber welch ein Entschluß, das ganze schöne Bild schwarz zu übermalen. Dazu gehört Mut. Um so größer wird die Freude sein, wenn beim Schaben die hellen Farben wieder zum Vorschein kommen. Die Kinder malen ein nicht zu großes Blatt Papier bunt oder in heller Wachsfarbe an. Ein von Ihnen gefertigtes Modell macht den Kindern Mut, damit sie ihr ganzes Bild mit schwarzer Temperafarbe überdecken. Ist die Farbe getrocknet, kratzen sie mit einem Schaber Zeichnungen heraus. Jedes Kind kann sich hierbei seinem Alter und seinen Interessen entsprechend ausleben. Besonders leuchtend wird das Bild, wenn die Älteren ganze Flächen ausheben. Ist das Vorstellungsvermögen ausgeprägt und die Technik grundlegend erfahren, überlegen die Kinder vorher, wie sie die Farben auf dem Bild anlegen wollen. Der Untergrund wird für bestimmte Gegenstände mit Farbflächen versehen, blau für den Himmelbereich, grün für Bäume. Wer Geduld hat, kann das Bild auch mit schwarzem Wachsmalblock abdecken. Die Motive werden nun Stück für Stück herausgehoben. Da die Kinder das Bild schwarz übermalen, eignen sich Themen wie „Mond und Sterne am Nachthimmel", „Glühwürmchen" oder „Igel in der Nacht", sowie „Straßenlaternen" für erste Arbeiten. Denken Sie daran, daß für diese Technik viel Ausdauer nötig ist, und begrenzen Sie daher bei den Jüngeren die Bildgröße.

Pädagogische Überlegungen

Alter: ab 5 Jahre   Einzelarbeit

Ziele:
- Kräftigung der Handmuskulatur beim Auftragen der Farben
- Förderung des Durchhaltevermögens beim Malen der Fläche
- Risikobereitschaft zeigen beim Abdecken des Gemalten
- Förderung der Feinmotorik beim Ausschaben
- Vorstellungsvermögen beim Ausschaben

Technische Überlegungen

Material und Werkzeug
- Zeichenpapier, feste Qualität
- Wachsmalstifte
- Temperafarbe schwarz, (schwarzer Wachsstift)
- Pinsel, Schabewerkzeug

Ablauf der Technik
- Zeichenpapier mit bunten Wachsmalstiften farbig gestalten
- mit schwarzer Plakafarbe oder Wachsstift abdecken
- mit dem Schaber Motive herauskratzen

Methodische Überlegungen

Experimentierphase

Arbeitsauftrag: Bereite eine kleine Fläche vor und probiere ein Motiv mit Linien (als Flächen) herauszuschaben; erprobe das Abdecken mit Wachsstiften und mit Temperafarbe.

Materialerfahrung: Zum Grundieren mit hellen Farben arbeiten (Kontrast); Temperafarbe haftet sicher auf der Wachsschicht und wirkt samtartig; schwarzer Wachsstift schmiert leicht.

Gestaltungsphase

Themen:
- Laternegehen
- Sternenhimmel
- Fachwerkhäuser
- Straßenlaternen
- Insekten
- Vogelfedern
- Igel bei Nacht

Arbeitsauftrag: Schau dir eine Vogelfeder genau an, grundiere mit hellen Farben, schabe die Federlinien heraus.

Anwendungsmöglichkeiten:
Bilder, Karten, Wandfries

Aus dem Poesiealbum — Wachswischtechnik

Schlagen Sie ein älteres Poesiealbum auf, dann finden Sie bestimmt auf irgendeiner Seite weiße Herzen mit einer zarten Farbumrandung. Früher wurden Freundschaftsgrüße häufig mit der Wachswischtechnik verziert. So ist diese Technik auch ein Anstoß zur Traditionspflege. Das Wischverfahren gehört zur Schablonentechnik. Die Kinder zeichnen ein beliebiges Motiv auf festes Papier und schneiden es aus. Dann malen sie es mit Wachsmalstiften an, legen es auf ein Papier und schieben mit dem Finger die Farbe über den Rand. Sie können dazu im Wechsel verschiedene Finger beider Hände benutzen. Am Rand der Schablone entsteht eine scharfe Konturenlinie, der Übergang zur Fläche ist verwischt. Die Schablone läßt sich nun beliebig verschieben. Dadurch ergeben sich Überschneidungen, neue Formen entstehen. Die Kinder haben Freude an den verschiedenen Farben. Sie gestalten Musterreihen und Flächen. Zeigen Sie ihnen, daß beim Ausschneiden eine Negativschablone entstanden ist, die sich beim Verwischen zum Positiv verändert.

Der Umgang mit Positiv- und Negativformen fordert logisches Denken von den Kindern, Geduld und Ausdauer sind nötig. Beim Verwischen der Farbe kräftigen sich die Finger. Die Kinder lernen Schablonen einfach zu gestalten und sich auf das wesentliche Merkmal zu begrenzen. Die Älteren sehen, daß sie durch wiederholte Anwendung einfachster Formen zu neuen Figurenkombinationen finden, aus einer Tropfenform gestalten sie z. B. vielfältigste Blumen. Durch die freie Anordnung und beim Spiel mit den Farben werden die Kinder kreativ. Wenn sie Schablonen zu einem Thema anfertigen lassen, können alle Kinder zusammen Gemeinschaftsbilder gestalten.

Pädagogische Überlegungen

Alter: ab 5 Jahre   Einzel- oder Gruppenarbeit

Ziele:
– Freude an der gestalteten Form und den entstehenden Linien
– Förderung des Vorstellungsvermögens (Positiv, Negativ)
– Förderung der Feinmotorik beim Verwischen

Technische Überlegungen

Material und Werkzeug
– Zeichenpapier
– helles Tonpapier
– Wachsmalstifte
– Schere

Ablauf der Technik
– Figur auf Tonpapier malen
– ausschneiden
– Figur mit Wachsmalstiften am Rand anmalen
– Figur auf ein Zeichenpapier legen, festhalten
– mit den Fingern Farbe vom Figurenrand abreiben

Methodische Überlegungen

Experimentierphase

Arbeitsauftrag: Probiere, wie dick die Wachsmalfarbe aufgetragen werden muß, damit du sie gut verwischen kannst; probiere verschieden Möglichkeiten des Übereinanderwischens.

Materialerfahrung: Einfache Formen wählen; Farbe dick auftragen; beim Abreiben fest aufdrücken und Figur gut festhalten.

Gestaltungsphase

Themen: *Arbeitsauftrag:* Schneide eine Drachenform aus, male sie
– Bäume, Wald   an und verwische sie.
– Fische   Jeder schneidet eine Baumschablone aus und verwischt
– Sterne   sie nacheinander zu einem Gemeinschaftsbild „Wald".
– Häuser, Stadt
– Autos

Anwendungsmöglichkeiten:
Gruß- und Einladungskarten, Gemeinschaftsbilder

Nicht nur für die Schuhe – Schuhcremebatik (siehe Abb. 30)

Schuhcreme zum Gestalten auf dem Arbeitstisch – wo gibt es denn so etwas? Für diese Technik gebrauchen wir sie, denn Schuhcreme enthält in gebundener Form Terpentin – und dieses löst Wachsmalfarbe auf – nicht aber Klebstoff. Bei der Wachsbatik haben die Kinder bereits erfahren, wie sie bestimmte Flächen aussparen können, sie reservieren. Diesmal übernimmt Klebstoff dieselbe Wirkung. Für den Anfang eignet sich ein Herbstthema. Auf ein Zeichenpapier legen die Kinder ein Laubblatt und umranden es mit flüssigem Alleskleber. Das Blatt zur Seite gelegt, betrachten sie die Aderführung und malen ähnliche Linien in die „Klebezeichnung". Nun muß alles erst einmal trocknen. In der Zwischenzeit betreiben Sie ein wenig Naturkunde, die Blätter erhalten Namen, ein Stück Holz wird betrachtet und gemeinsam malen die Kinder einen Baumstamm mit Wachstumslinien. So gestalten die Kinder naturbezogen. Zurück zu den getrockneten Blättern, die jetzt mit Wachsmalstiften angemalt werden. Und nun wird es spannend. Mit einem Lappen wischen die Kinder Schuhcreme in einer beliebigen Farbe über alle Blätter. Die Wachsmalfarben verwandeln sich zu zarten Pastelltönen. Für die Gemeinschaftsarbeit schneiden die Kinder die Blätter aus und alle zusammen kleben den Baum, der den Raum im Herbst schmücken soll. Die so erfahrene Technik wird von den Kindern mit viel Phantasie für andere Themen angewandt. Werden die Darstellungen nicht ausgeschnitten, wischen die Kinder die Schuhcreme über das ganze Bild, es entsteht ein abgetönter Hintergrund. Haben sie schon Erfahrung mit der Wachswischtechnik, können sie auch unregelmäßige Wischspuren in den Hintergrund einbringen. Der ungewöhnliche Einsatz von Schuhcreme macht den Kindern Freude. Sie werden neugierig für chemische Vorgänge, erfahren einen doppelten Reservierungsvorgang und sehen, wie die leuchtenden Wachsfarben abgetönt werden.

Pädagogische Überlegungen

Alter: ab 5 Jahre   Einzel- und Gruppenarbeit

Ziele:
- Freude entwickeln durch ungewohntes Malmaterial
- Erweiterung der Koordination Sehen, Führen, Drücken
- Förderung der Phantasie bei der Themengestaltung
- Förderung der Wahrnehmung bei Farbveränderungen, Naturbetrachtung
- Kennenlernen chemischer Wirkungen (Terpentin — Wachs)
- Reservierungsvorgänge verstehenlernen

Technische Überlegungen

Material und Werkzeug
- Zeichenpapier
- Alleskleber in Tube oder Flasche
- Wachsmalstifte
- Schuhcreme in verschiedenen Farben
- Lappen, Schere

Ablauf der Technik
- mit Klebstoff Motiv malen, trocknen lassen
- mit Wachsstift Flächen anmalen
- Schuhcreme über das Bild reiben

Methodische Überlegungen

Experimentierphase

Arbeitsauftrag: Male Punkte und Linien mit Klebstoff, erprobe den Klebefluß; erfahre die Trocknungszeit; male mit Wachsstiften an, erprobe die Stärke des Farbauftrags; verwische die Farbe mit Schuhcreme, erprobe die unterschiedlichen Farben und Wischmöglichkeiten; erprobe, wieviel Wachsfarbe du verreiben möchtest.

Materialerfahrung: Klebstoff dünn auftragen, verschmiert sonst. Wachsmalfarbe nicht übereinander malen, keine Wirkung; nicht zu viel Schuhcreme nehmen, schmiert.

Gestaltungsphase

Themen:
- Blätter, Baum
- Selbstbildnis
- Obstkorb
- Fische
- Drachen
- Phantasievögel

Arbeitsauftrag: Ziehe Klebstofflinien in beliebiger Anordnung über dein Papier, male die Flächen bunt an und verwische es mit Schuhcreme.
Umrande ein Laubblatt, füge die Adern ein, male es an, verwische es und schneide es aus. Füge viele Blätter zu einem Baum zusammen.

Anwendungsmöglichkeiten:
Gemeinschaftscollagen, Bilderbuch

Blumensterne – Wachsradieren (siehe Abb. 8)

Haben Sie schon einmal mit dem Radiergummi gemalt? In Verbindung mit Wachsmalstiften geht das. Die Farben wandern dann an einen vom Radiergummi bestimmten Ort. Normalerweise benutzen die Kinder den Radiergummi nur dazu, nicht gewollte Aufzeichnungen zu entfernen. Striche mit Wachsmalstiften lassen sich durch Radiergummi nicht entfernen, aber die Farbsubstanz kann verschoben werden. Der Wachsmalstift hinterläßt auf sehr glattem Papier feinste Spuren. Das ist die Grunderfahrung für eine interessante Technik. Die Kinder malen zuerst mit Wachsstift einen dicken Punkt auf das Papier, setzen einen spitzen Radiergummi in der Mitte an und ziehen ihn mit Druck ruckartig zu sich heran. Das Papier wird gedreht und der Vorgang sternförmig wiederholt. Schon haben Sie einen „Blumenstern". Nun können Sie um den Punkt noch andere Farben herummalen. Die Kinder beobachten, wie sich beim „Ausziehen" Mischfarben ergeben. Auch von Linien, von jeder Form, läßt sich ruckartig Farbe ausziehen, es können dabei Raupen und Bäume entstehen und ganze Bilder sehen plötzlich aquarellartig aus. Wenn die Kinder den notwendigen „kurzen Zug" erst einmal heraushaben, können sie mit dieser Technik auch auf transparentem Papier arbeiten.
Eine besondere Variante entsteht aus der Kombination von Wachsradieren und Wachsbatik. Wer sich traut, kann das Bild zum Schluß mit dünner Wasserfarbe oder -beize überziehen. Die Wachslinien nehmen die Farbe nicht auf, und es ergeben sich reizvolle Darstellungen.

Pädagogische Überlegungen

Alter: ab 8 Jahre

Ziele:
- Förderung der Motorik im Umgang mit gezielter Druckanwendung
- Freude am gestaltenden Umgang mit dem Radiergummi
- Farbschulung durch Farbauswahl
- Förderung des Vorstellungsvermögens bei der Formgebung

Technische Überlegungen

Material und Werkzeug
- glattes Zeichenpapier oder Architektenpapier
  (schwere Qualität)
- Wachsmalstifte
- fester, zugespitzter Radiergummi (rot)
- Wasserfarbe oder -beize

Ablauf der Technik
- einen kräftigen Farbpunkt auf das Papier malen
- mit dem Radiergummi mit kurzen, kräftigen Schüben ausstreifen

Variation: – mit Wasserfarbe oder -beize überziehen,
  – in ein Passepartout einarbeiten

Methodische Überlegungen

Experimentierphase

Arbeitsauftrag: Probiere mit verschiedenen Farben Punkte und Linien aus; erprobe, wieviel Druck du auf den Radiergummi geben mußt; versuche, Linien auszuradieren; versuche, Farben zu mischen.

Materialerfahrung: Papier gut festhalten, sonst knittert es; Farben mehrfach nachtragen, zum Körper hin radieren.

Gestaltungsphase

Themen:
- Sterne
- Blumen
- Bäume
- Federn
- Raupen

Arbeitsauftrag: Male um einen mittleren Punkt mehrere farbige Ringe und radiere von innen nach außen. Male grüne Striche auf ein Zeichenblatt und radiere zur rechten und linken Seite aus. Es kann ein Tannenbaum entstehen.

Anwendungsmöglichkeiten:
Transparente, Laternen, Briefkarten, Bilder

Wachsstifte lösen sich auf –
Wachsmalen auf Kleistergrund (siehe Abb. 29)

Bei allen Gestaltungsaufgaben mit Wachsfarbe brauchen Sie Wachsmalstifte oder -blöcke, aber irgendwann sind sie ausgebraucht, sie werden für die Hand zu klein. Deswegen muß man sie aber nicht wegwerfen. Durch Terpentin löst sich der Wachsmalstift in eine flüssige Farbe auf. Ordnen Sie mit den Kindern die Reste nach Farben, geben Sie sie in ein Glas und füllen Sie Terpentin darauf. Nach ein paar Tagen werden sie recht dünnflüssig aufgerührt. Das Zeichenpapier streichen die Kinder satt mit Kleister ein. Auf diese nasse Fläche malen sie nun mit den gelösten Wachsfarben. Schon beim Auftragen der Farben kommen die Kinder ins Staunen, denn die Farbe bildet wunderschöne Veränderungen, sie kommt in Bewegung, Flächen lösen sich in Farbinseln auf, die Farben vermischen oder verdrängen sich. Die Kinder beobachten, kippen das Blatt hin und her und haben Freude an den interessanten Farbwanderungen. Es entstehen Zufallsergebnisse, die sie trocknen lassen. Wird der Kleister träge und zäh, verstreichen die Kinder die Farbe mit dem Pinsel. Auch beidhändig mit zwei kurzen Borstenpinseln ziehen sie nun beliebige Spuren durch den Wachskleistergrund.
Eine weitere Möglichkeit ist dann das gestaltende Malen mit den verschiedenen Grundfarben, an denen die Kinder den Mischvorgang selbst beeinflussen und wahrnehmen können. Diese Technik weckt in den Kindern Interesse für chemische Zusammenhänge und macht sie neben der kreativen Gestaltung experimentierfreudig.

Pädagogische Überlegungen

Alter: ab 8 Jahre   Einzelarbeit

Ziele:
- Wahrnehmungsschulung beim Betrachten der Farbverläufe
- Förderung des Vorstellungsvermögens bei Interpretationen
- Förderung der Phantasie beim Weitermalen
- Förderung der Geduld beim Beobachten der Farbmischungen
- Farbschulung im Umgang mit den Grundfarben
- Erfahrungen mit ersten chemischen Reaktionen

Technische Überlegungen

Material und Werkzeug
- festes Zeichenpapier
- Wachsmalstifte
- Terpentinersatz, Lappen
- Tapetenkleister
- Borstenpinsel
- kleine Plastiklöffel

Ablauf der Technik
- alte Wachsmalstifte in Terpentinersatz auflösen
- Zeichenpapier mit Kleister satt einstreichen
- mit einem kleinen Löffel Farbe auf den Kleister geben
- reagieren lassen und beobachten
- mit Pinsel Ergänzungen einmalen

Methodische Überlegungen

Experimentierphase

Arbeitsauftrag: Setze zwei oder drei Farben in den Kleistergrund, lasse sie ineinanderlaufen; erprobe, wie flüssig Kleister und Farbe sein dürfen; male mit Finger oder Pinsel Spuren in die Farbfläche; probiere, die entstandenen Formen mit einer weiteren Gestaltung zu verbinden.

Materialerfahrung: Wachsfarben sehr dünn aufrühren, damit sie fließen können. Kleister nicht zu dick auftragen, verläuft zu stark, trocknet langsam.

Gestaltungsphase

Themen:
- Fische
- Quallen
- Aquarium
- Vögel
- Blumen

Arbeitsauftrag: Tropfe zwei Farben auf ein vorbereitetes Kleisterpapier und lasse die Farben ineinanderlaufen. Streiche das vorbereitete Papier mit blauer Farbe ein und male mit Finger oder Pinsel einen Fisch im Wasser.

Anwendungsmöglichkeiten:
Bilder, Buchgestaltung, Bezugspapiere

Nadelstriche — Wachsaddition

Noch eine Gestaltungstechnik, wenn die Wachsfarben von den Kindern nicht mehr zu halten sind. Warum sollen wir sie nicht auflösen, sie schwimmen uns bei Hitze davon. Wachs löst sich bei $60° - 65°$ auf, also auch die Wachsmalstifte. Die Kinder haben es bereits bei den schwimmenden Farben erfahren. Jedes Teelicht hinterläßt nach Gebrauch ein kleines Metallpfännchen. In dieses geben wir jeweils eine Farbe und schmelzen sie auf einer Wärmeplatte. Mit einfachem weißen Stearin können die Farben aufgehellt und vermehrt werden. Die kleinen feststehenden Wachsnäpfchen mit geringer Wachsmenge sind völlig ungefährlich. Das Werkzeug machen die Kinder sich selbst; in einen Korken stecken sie eine sogenannte „Schwesternnadel". Jetzt kann das Malen losgehen. Das Papier legen die Kinder dazu auf die Wärmeplatte oder wärmen es vor. Die Nadel in das flüssige Wachs tauchen und einen tropfenartigen, kurzen Wachsstrich auf das Papier malen. Diese kleinen Nadelstriche werden zu vielfältigen Ornamenten zusammengefügt.

Regen Sie die Kinder an, vorweg von einer Kerze Wachs auf das Papier tropfen zu lassen. Ergänzt durch bunte Nadelstriche schauen die Kinder bald auf eine ganze Blütenwiese. Wenden die Kinder sie in der Osterzeit auf ausgeblasenen Eiern an, entsteht eine Verbindung zu den traditionellen Jahresbräuchen. Trotz ihrer Zartheit ergeben die Nadelstriche lebhafte Ornamente auf hellem Grund. Das Auftragen der feinen Striche fördert Konzentration und Ausdauer. Um die Kinder hierin nicht zu überfordern, sollte die Technik nur für Arbeiten verwendet werden, die nicht viel größer als ein Ei sind, Tischkarten und Geschenkanhänger, oder der Deckel einer kleinen Schachtel. Es sind besonders liebevoll gestaltete Dinge aus der Hand von Hortkindern.

Pädagogische Überlegungen

Alter: ab 8 Jahre   Einzelarbeit

Ziele:
- Freude am Spiel mit flüssigem Farbwachs
- Phantasieförderung und Wahrnehmungsschulung bei der Musterbildung
- Verbindung zum traditionellen Brauchtum erfassen
- Ausdauer und Konzentration beim Arbeiten mit Kleinstformen

Technische Überlegungen

Material und Werkzeug
- Zeichenpapier
- Reste von Wachsmalstiften
- weiße Stearinkerze
- alte Teelichte, mit Metallhülse
- Werkzeug aus Korken und „Schwesternnadel"
- Wärmeplatte

Ablauf der Technik
- Wachsfarbenreste in Teelichthülsen schmelzen
- Papier auf Wärmeplatte erwärmen
- Nadelkopf in farbiges Wachs tauchen
- Auf Papier Tropfenstrich ziehen

Methodische Überlegungen

Experimentierphase

Arbeitsauftrag: Male mit dem flüssigen Wachs verschiedene Farbstriche auf dein Papier; erprobe, wie heiß das Wachs sein muß; probiere verschiedene Muster aus.

Materialerfahrung: Das Wachs muß immer warmgehalten werden; die Farben verlaufen länger, wenn man auf einer Wärmeplatte arbeitet.

Gestaltungsphase

Themen: *Arbeitsauftrag:* Tropfe mit einer Stearinkerze Punkte auf
- Blütenwiese   dein Papier. Male mit buntem Wachs Strahlen rundherum,
- Ornamente   so daß eine Blütenwiese entsteht.

Anwendungsmöglichkeiten:
Tischkarten, Geschenkanhänger, Geschenkdosen, Tastbilder

131

Klebstoff und Material

Einführung

Geben Sie Kindern eine Kleistertube und Materialien in die Hand, und sie werden sofort anfangen, tief versunken zu „bappen". Durch dieses Wort, das den Vorgang so plastisch bezeichnet, bekam der Werkstoff Papier und Pappe seinen Namen. Unsere Vorfahren fanden die Mittel heraus, durch die Fasern aneinander haften und zu neuen Flächen werden. Das Papier entstand, in mehreren Schichten übereinander die Pappe. Diesen elementaren Vorgang wiederholen die Kinder unendliche Male bei ihren Beschäftigungen mit Klebstoff. Allein der Umgang mit dem Klebemittel ist eine köstliche Erfahrung, die das Kind gänzlich in Anspruch nimmt und alle Sinne zur Wahrnehmung wachruft. Kleben können Kinder die verschiedensten Materialien wie Papier, Textilien und in der Natur gefundene Gegenstände, dabei ist Papier das Gebräuchlichste in der ersten Kindergartenzeit. Bunte Papiere, in Schnipsel gerissen, können durch den Klebstoff zu neuen bunten Bildern zusammengesetzt werden. Eine neue Ordnung wird hergestellt, aus dem destruktiven wird ein konstruktiver Vorgang. In diesem Sinne können die Kinder auch die Natur erfassen. Sammeln Sie mit den Kindern Blätter und Fruchtstände, die im Herbst von den Bäumen fallen, um sie beim bildnerischen Gestalten in eine neue Ordnung zu bringen. Dadurch erfassen die Kinder die Natur als Kostbarkeit, die es wert ist zu bewahren. Gleichzeitig können Sie ihnen auch bewußt machen, daß sich bei entsprechender Pflege die Natur selber immer wieder gestaltet.

Zur Natur gehört Sand, und zur elementaren Entwicklung des Kindes gehört Sand. Betrachten Sie ein Kind in der Sandkiste, der Schaffensvorgang und das Zerstören sind eins. Schon vor fast 200 Jahren beschrieb der Dichter Jean Paul (1763–1825) den Sand als Universalspielzeug, den man zum Bauen und Werfen, als Wasserfall und als Mal- und Schreibgrund verwenden kann. Was im Freien so elementar zum Bauen anregt, sollten Sie auch im Raum zum bildnerischen Gestalten anbieten. Mit Klebstoff läßt sich Sand binden und lange Zeit in der Form bewahren, sei es plastisch oder in Linien und Flächen. Hierbei wird besonders der Tastsinn gefördert, das innere Erleben zeigt sich an der Freude und Entspannung der Kinder.

Auch Textilien können durch Klebstoff geformt werden. Beim Trocknungsprozeß bleibt die Formgebung von Tuch oder Faden erhalten. Seit die Textilindustrie alle Bekleidungsgegenstände in reichlichem Maße herstellt, bekommen Kinder nur noch selten Gelegenheit, mit Stoff und Garnen zu experimentieren. Experimentieren, Zerstören, Umformen, Neugestalten sind Vorgänge, die die optische und taktile Wahrnehmung der Kinder fördern.

Die Collage ist die spielerischste Gestaltungstechnik, es ist alles erlaubt. Die Tätigkeiten führen zu Entspannung, im Neuordnen finden die Kinder durch das Material zur Konzentration. Fähigkeiten, die für ihr ganzes späteres Leben von Bedeutung sein werden.

Arbeitsmaterial

Malgrund
Zeichenpapier
Tonpapier
Karton
Packpapier
Bundpapier
Seidenpapier
Illustrierte

Farben
Deckfarbe,
Faserstifte
Plakafarben
Batikfarbpulver

Klebstoffe
Tapetenkleister
Alleskleber
Teppichklebeband
Weißleim

Werkzeuge
Kleisterpinsel
Schere

Experimentiergegenstände
Seesand
Wolle in versch. Farben
Baumwollstoffe (Reste, Lumpen)
Fruchtstände vom Ahornbaum
gepreßte Blätter

Ergänzendes
Plastikunterlage
Entwicklerwanne
Wasserbehälter
Zeitungspapier
Lappen
Malkittel, Schürzen

Bunte Schnipsel – Papierreißen (siehe Abb. 5)

Buntpapiere, farbige Papiere aller Art lösen bei Kindern spontane Tätigkeit aus. Sie haben einen hohen Aufforderungscharakter. Reißen, Schneiden, Kleben dürfen beim Angebot für kindliches Bildgestalten nicht fehlen. Da sich die Farben nicht mischen, entwickeln die Kinder ein Denken in Farbflecken. Der Umgang mit der Schere muß trainiert werden, aber die elementarste Form ist das Papierreißen. Geben Sie den Kindern zu Beginn viel Papier, denn das Reißen verläuft noch ungeschickt. Die Großbewegung wird durch Verringerung von Kraft und Raum zur Kleinbewegung der Hände und Finger, die Feinmotorik wird differenziert. Alte Zeitungen, Packpapier, Tapetenreste und Prospekte eignen sich für das erste Tun. In die Großformen können dann schon mal Muster geklebt werden. Aus verschiedenen Flecken entstehen so langsam menschliche Figuren, die an die Malentwicklung erinnern. Eine wichtige Übung zum Reißen ist das Schnipselreißen. Eine gemalte Form wird mit vielen bunten Schnipseln ausgefüllt, erhällt Farbaussage und Binnenstruktur.

Reißen können die Kinder in der Gemeinschaft. Einzeln kleben sie Figuren aus, um daraus später eine Collage zu gestalten. Der Vorgang des Zerlegens und Zusammenfügens wird ständig wiederholt und fördert das Vorstellungsvermögen der Kinder. Später reißen sie Figuren, das Papierangebot wird reichhaltiger. Regen Sie die Kinder an, Papiere zu bemalen, mit denen sie anschließend Reißbilder gestalten. Ältere Kinder reißen auch gerne Figuren aus Zeitschriften oder Prospekten aus, sie verwirklichen sich damit Wunschträume. Die Koordination von Auge und Hand wird gefördert. Zu einem neuen Bild zusammengeklebt, entsteht eine Montage.

Pädagogische Überlegungen

Alter: ab 4 Jahre   Einzel- und Gruppenarbeit

Ziele:
- Freude an den bunten Papieren
- Farbschulung im Farben- und Farbfleckenwahrnehmen
- Schulung des Formverständnisses beim Reißen und Formauskleben
- Förderung des Vorstellungsvermögens beim Reißen und Kleben
- Förderung der Feinmotorik beim Reißen und Kleben
- Förderung der Konzentration und Ausdauer

Technische Überlegungen

Material und Werkzeug
- Zeichen-, Ton- oder Packpapier als Trägerpapier
- Buntpapier, Illustrierte, Plakate, Zeitungen oder selbstgefärbte Papiere
- Tapetenkleister
- Kleisterpinsel

Ablauf der Technik
- Papiere in Schnipsel oder Figuren reißen
- Formen mit Kleister einstreichen
- auf Trägerpapier aufkleben

Methodische Überlegungen

Experimentierphase

Arbeitsauftrag: Reiße verschiedene Papiere; erprobe in verschiedenen Richtungen zu reißen; erprobe an einer Linie entlang zu reißen.

Materialerfahrung: Papier hat zwei Laufrichtungen, die unterschiedlich aufs Reißen reagieren. Nicht zu viel Kleister nehmen, sonst schmiert es. Bei Seidenpapier schlägt der Kleister durch.

Gestaltungsphase

Themen:
- Schlange
- Schnecke
- Mäuse
- Osterei
- Familie
- Auto

Arbeitsauftrag: Reiße viele kleine Stücke aus Buntpapier, sortiere sie nach Farben und klebe eine Schlange oder eine Schnecke.
Male eine Figur auf dein Trägerpapier und verziere sie mit bunten Papieren.
Reiße Farbflächen aus Zeitschriften und gestalte mit diesen Papieren einen Dschungel.

Anwendungsmöglichkeiten:
Collagen für Kalenderblätter, Verzieren von Sammelmappen und Pappkästen, Lesezeichen

Nasenreiter – Naturcollagen (siehe Abb. 9)

Der Nasenreiter ist eine Erinnerung an fröhliche Kindertage, ein Spiel, das heute kaum noch zu finden ist. Kinder sammeln Blätter und kleben daraus Figuren, sie basteln aus Kastanien und Eicheln, aber der Fruchtstand des Ahornbaumes wird meistens übersehen. Dabei kann man mit ihm wunderbar spielen und gestalten. Er besteht aus dem verdickten Fruchtstand und dem Fähnchen, daß die Samenverbreitung durch den Wind unterstützt. Das dicke Fruchtteil läßt sich mit den Fingernägeln auseinanderbiegen und auf die Nase setzen. Da es klebrig ist, bleibt es haften. Die Form und die verschiedenen Farben und Größen von Spitz-, Berg- und Feldahorn fordern aber geradezu zum bildnerischen Gestalten heraus.

Beim Sammeln nehmen die Kinder die Natur mit allen Sinnen wahr. Beantworten Sie naturkundliche Fragen der Kinder, dadurch erfassen sie Zusammenhänge in der Natur und erweitern ihren Wortschatz. Im Raum sortieren Sie alles Gesammelte nach Formen und Farben. Die Kinder haben dabei die Möglichkeit, eigene Kriterien zu finden. Der Nasenreiter-Ahorn wird noch einmal besonders angeschaut und nach Größe und Farbe sortiert. Jetzt kann das Gestalten losgehen. Zwei Fruchtstände werden gegeneinander gelegt und schon ist das Flügelpaar eines Insekts entstanden. Ein einzelner, mit einem Stengel und Blättchen versehen, ist ein Schiff, vier erinnern an Windmühlenräder, eine bezaubernde Miniaturwelt entsteht. Die Form der Ahornfrucht kann aber auch für Flächenstrukturen anregen. Fischschuppen, Gefieder von Vögeln, Pfau, Eule, Adler, Stacheln eines Igels und Schindeln eines Daches. Die Kinder können ihre Phantasie und Vorstellungskraft voll einbringen, in Verbindung mit Blättern erweitern sich die Möglichkeiten. Schneiden, Anordnen und Kleben fördern neben der Feinmotorik Form- und Farbdifferenzierung an einem absolut natürlichen Werkstoff.

Pädagogische Überlegungen

Alter: ab 4 Jahre   Einzel- und Gruppenarbeit

Ziele:
- Förderung der Naturbegegnung und des Umweltbewußtseins
- Wahrnehmungsschulung beim Sammeln, beim Zuordnen
- Differenzierung des Farb- und Formgefühls, des Tastsinns
- Förderung der Feinmotorik

Technische Überlegungen

Material und Werkzeug
- Fruchtstände,
- Tonpapier, Karton
- Alleskleber
- Haushaltsschere
- eventuell Deckfarben für Hintergrund

Ablauf der Technik
- Naturmaterial sammeln, zuordnen
- Hintergrundpapier wählen oder anmalen
- gestaltetes Material aufkleben

Methodische Überlegungen

Experimentierphase

Arbeitsauftrag: Sichte das gesammelte Material, ordne die Ahornfruchtstände nach Färbung und Größe; erprobe, welche Figur- oder Flächengestaltungen möglich sind; probiere den Klebstoff aus.

Materialerfahrung: Ahornfruchtstände sollten trocken sein, sie kleben sonst schlecht. Blätter vorher pressen, sie verlieren sonst Farbe und Form.

Gestaltungsphase

Themen:
- Insekten
- Fische
- Vögel
- Nashorn
- Vogelmensch
- Maske

Arbeitsauftrag: Gestalte aus Ahornfrüchten Figuren und Muster und klebe sie auf.
Male den Hintergrund deines Bildes mit sehr wässriger Deckfarbe blau, und gestalte darauf einen Fisch, der Ahornfruchtstände als Schuppen hat.

Anwendungsmöglichkeiten:
Einzel- und Gemeinschaftscollagen, Bilderbuchgestaltungen, Spielfiguren

137

Kleistermann − Seidenpapier-Kleisterfiguren (siehe Abb. 33)

Kindern macht es ungeheuren Spaß, aus frisch gefallenem Schnee im Garten einen Schneemann zu bauen. Da die Natur aber nicht immer das bringt, was wir Menschen gerade erwarten, müssen wir Erwachsenen uns etwas einfallen lassen. Also greifen Sie zu Seidenpapier und Kleister. Weiße Seidenpapierschnipsel erinnern an Schneeflocken. Seidenpapier ist leicht, durchsichtig und läßt sich gemeinsam in viele Schneeflocken reißen. Die Kinder entwickeln Ausdauer und trainieren ihre Feinmotorik. Seidenpapier fordert zu feinfühligem Umgang heraus. Auf eine biegsame Plastikunterlage malen die Kinder mit Filzstift einen Schneemann. Die erste Schneemannkugel streichen sie mit Kleister ein und füllen sie nun in Einzelarbeit mit Seidenpapierschnipseln aus. Nach der ersten Lage wird wieder Kleister aufgestrichen und eine zweite, dann eine dritte Lage übereinandergeklebt, die Schnipsel überlappen sich. Nun folgt die 2. und 3. Kugel für Kopf und Bauch, vielleicht noch Arme. Nach dem Trocknen löst sich die Plastikunterlage, der Schneemann steht alleine da. Er ist hart geworden und kann aus Tonpapier Gesicht, Knöpfe, Hut und Besen erhalten. Die Kinder üben gleichzeitig Reißen, Kleben und Schneiden, wodurch die feinmotorische Förderung vielseitig gestaltet ist.

Die Kinder erkennen, daß bei dieser Technik aus einzelnen Papierschnipseln eine neue Fläche entsteht, losgelöst vom tragenden Grundpapier. Ans Fenster gehängt werden die Schneemänner transparent. Durch die Schichtung wird Flächenstruktur sichtbar, wodurch die Kinder immer wieder an den Herstellungsvorgang erinnert werden. Der Wechsel zwischen gemeinsamer Tätigkeit, Einzelarbeit und Herstellung eines Gemeinschaftsfensterbildes trägt zum sozialen Verhalten der Kinder bei. Wenn die Schneemänner vom Fenster lachen, erleben sowohl die Kindergarten- als auch die Hortkinder Winterfreuden.

Pädagogische Überlegungen

Alter: 4–6 Jahre (Schneemann, Pinguin)
   ab 7 Jahre (farbige Figuren nach Eigenentwurf)

Ziele:
- Feinmotorische Übung durch Zerreißen des Seidenpapiers
- Formgefühl durch Einpassen der Schnipsel
- Kreativität durch Farb- und Formgestaltung
- Ausdauerförderung durch längeren Arbeitsprozeß
- Durchhaltevermögen, Abwarten bis zum Trocknen

Technische Überlegungen

Material und Werkzeug
- weißes oder farbiges Seidenpapier
- Tapetenkleister
- Kleisterpinsel
- Plastikunterlage
- Filzstift

Ablauf der Technik
- Seidenpapier in Schnipsel reißen
- mit Filzstift Motiv auf Unterlage zeichnen
- Motiv mit Kleister ausfüllen
- Schnipsel auflegen
- mit Kleister bestreichen
- Vorgang wiederholen

Methodische Überlegungen

Experimentierphase

Arbeitsauftrag: Probiere mit Seidenpapierschnipseln eine Form auf der Unterlage auszu-füllen, Menge der Schichtung und Kleistermenge; probiere, was passiert, wenn mehrere Farben übereinanderkommen.

Materialerfahrung: Seidenpapier färbt, Konturen sind schwer abzugrenzen (fließender Über-gang), nicht zuviel Kleister.

Gestaltungsphase

Themen:
- Schneemann
- Pinguin
- Drachen
- Blumen
- Fabeltiere
- Clown

Arbeitsauftrag: Arbeite zwei weiße Kugeln übereinander und gestalte daraus nach dem Trocknen mit Tonpapier einen Schneemann oder Pinguin.

Anwendungsmöglichkeiten:
Fensterbilder, Schattentheaterfiguren, Stabpuppen

Der Sandwurm – Klebstofflinien im Sand

Sand rieselt durch die Hand der Kinder, feiner Seesand am Meer. Der gelbe Sand in der Sandkiste, aber auch Erde verschiedenster Färbung fordert Kinder sofort auf, sich hinzusetzen und mit den Händen zu gestalten – zärtliche Berührungen mit dem körnigen Element. Die Finger als Sieb benutzen, Linien in den Sand zeichnen, feuchten Sand festklopfen – diese Arbeit des Kindes differenziert seine Feinmotorik und sensibilisiert in besonderem Maße den Tastsinn. Warum nicht einmal den natürlichen hellen Sand auf buntem Tonpapier ausbreiten? Die Kinder werden den angenehm weichen Farbkontrast empfinden.

Der Erwachsene holt zusammen mit den Kindern eine kleine „Sandkiste" an den Arbeitsplatz, und nun zaubern sie in ganz besonderer Weise. Vorsichtig drücken die Kinder Flüssigkleber aus einer Tube oder Flasche und zeichnen damit Punkte oder Linien auf das Tonpapier; vielleicht zu einem Thema vom Meer, ein Segelschiff, einen Seestern, warum nicht sich selbst mit einem Ball? Sie dürfen nicht zu lange warten, damit der Klebstoff nicht trocknet. Nun wird es spannend. Die Kinder drücken das Bild mit der gestalteten Seite in die glattgestrichene Sandfläche. Ein bißchen Mut gehört dazu; es zeigt oder fördert die Risikobereitschaft der Kinder. Um das Kausaldenken zu fördern, lassen wir die Kinder selbst nachdenken, was passiert. – Der Sand hängt an dem Klebstoff fest! – Die Bilder können beliebig ergänzt werden, und die Kinder werden ihrer Phantasie freien Lauf lassen.

Pädagogische Überlegungen

Alter: Ab 5 Jahren   Einzelarbeit

Ziele:
- Bewußtmachung von Gestaltungsmitteln aus der Natur
- Freude am Überraschungseffekt der Technik
- Förderung der Phantasie beim Zeichnen mit Klebstoff
- Koordination zwischen Druckausübung und Linienführung
- gezielter Umgang mit Flüssigklebstoff
- Förderung der Risikobereitschaft beim Eintauchen in Sand

Technische Überlegungen

Material und Werkzeug
- farbiges Tonpapier
- flüssiger Alleskleber
- Seesand
- Entwicklerwanne

Ablauf der Technik
- mit dem Flüssigklebstoff malen
- Bildseite in noch nassem Zustand in Sand drücken
- abheben

Methodische Überlegungen

Experimentierphase

Arbeitsauftrag: Male Linien und Punkte und drücke dein Bild in eine mit Sand gefüllte Wanne oder in die Sandkiste.

Materialerfahrung: Zügig arbeiten, da sonst der Flüssigklebstoff trocknet; getrocknete Linien in einem zweiten Ansatz nacharbeiten.

Gestaltungsphase

Themen:
- Seestern
- Meerestiere
- Winterbaum
- Fahrzeuge
- Figuren

Arbeitsauftrag: Male einen Seestern mit Bleistift auf dein Tonpapier, zeichne die Linien mit Flüssigklebstoff nach und drücke es in den Sand.

Anwendungsmöglichkeiten:
Bilder, Wandfries
Variation: Weitergestaltung mit getrockneten Blättern oder Blüten von Trockenblumen ergänzen.

Seiltanz des Elefanten − Fadenapplikation (siehe Abb. 18)

Ein Elefant auf dem Seil, dieses Motiv wählte ein Kind, als es die Wollreste zum bildnerischen Gestalten wie „Malfarben" benutzen durfte. Kinder gehen ausgesprochen kreativ mit Wolle um. Es ist eine Freude für sie, in der Wollkiste zu kramen, die Finger spüren die Beschaffenheit der Fäden, weich, wuschelig, rauh, schlingig, kräftig oder reißend, die Kinder werden sprachkreativ. Auge und Tastsinn ergreifen Besitz von der Fadenstruktur. Die Kinder wählen ihre Lieblingsfarben, wickeln Fäden um den Finger und schon wird gestaltet. Die erste Spirale ist entstanden. Das einfachste ist, die Kinder tauchen diese „Fingerumwicklung" in Kleister und bringen sie spielerisch auf einen Bildgrund. Sie verbinden viele Punkte mit grünen Fäden, in Kleister getaucht, schon haben sie eine bunte Blumenwiese.

Sehr einfach läßt sich eine Fadenapplikation auch auf Teppichklebeband herstellen. Auf eine Pappe geklebt, können die Kinder nun richtig zeichnen, Umrisse werden gelegt und mit bunten Wollfäden ausgefüllt, ohne daß die Finger dabei kleben. Allerdings muß die Fläche vollständig ausgelegt werden. Sonst geben Sie den Kindern einen tropffreien Alleskleber; sie streichen nach und nach die Linien und Flächen für den „malenden Faden" ein. Zu Anfang schneiden die Kinder die Fäden beliebig nach ihren Vorstellungen, was im übrigen für die jüngeren gar nicht einfach ist, denn Wolle schneidet sich viel schwerer als Papier. Die Feinmotorik ist sehr gefordert. Später wird der Bildgegenstand ausgefüllt, z. B. ein Schmetterling mit bunten Punkten. Ein Schiff, bei dem Rumpf und Segel flächig gestaltet werden, würde sich als Thema für einen Wandbehang in Gemeinschaftsarbeit eignen. Regen Sie die älteren Kinder an, mit Endloswollfäden Flächen ornamental auszulegen.

Wolle hat für Kinder Aufforderungscharakter, jedes Kätzschen spielt mit Wollknäueln, so auch die kleinen Kinder, wenn wir ihnen Gelegenheit dazu geben. Aus dem ersten Gewirr wird immer mehr Gestaltung. Farbe und Materialbeschaffung regen zu Themen an, z. B. „Katze mit dem Wollknäuel". Wollapplikationen fördern besonders den Tastsinn der Kinder.

Pädagogische Überlegungen

Alter: ab 5 Jahre   Einzel- und Gruppenarbeit

Ziele:
- Förderung des Tastsinns im Umgang mit der Wolle
- Förderung der Kreativität beim Gestalten mit der Wolle
- Farbdifferenzierung bei Auswahl der Wollen
- Förderung des Vorstellungsvermögens beim Bildlegen
- Förderung der Feinmotorik beim Schneiden, Fadenführen, Kleben

Technische Überlegungen

Material und Werkzeug
- Wollreste
- Tonpapier oder Karton
- Tapetenkleister oder Alleskleber oder Teppichklebeband
- Kleisterpinsel, Schere

Ablauf der Technik
- Klebegrund auswählen
- mit Klebstoff Linien oder Flächen einstreichen
- Fäden gestaltend auflegen

Methodische Überlegungen

Experimentierphase

Arbeitsauftrag: Spiele mit den verschiedenen Wollen und erfahre ihre Beschaffenheit; erprobe Kleister, Teppichklebeband oder Alleskleber; erprobe verschiedene Ausdrucksmittel der Wollfäden: schneiden, wickeln, bündeln, schlingen.

Materialerfahrung: Beim Teppichklebeband muß die Fläche ganz ausgefüllt werden. Alleskleber darf keine Fäden ziehen.

Gestaltungsphase

Themen:
- Segelschiffe
- Schafhirte
- Schneemänner
- Großmutters
  Strickkorb

Arbeitsauftrag: Wickel einen Wollfaden um deinen Finger, tauche ihn in Kleister und schiebe die Schlingen auf das Papier, wiederholen, mit Fäden verbinden. Klebe mit Wollfäden Segelschiffe auf blaues Tonpapier, fülle Rumpf und Segel flächig, schneide dein Schiff aus und füge es mit anderen zu einer Gemeinschaftsarbeit zusammen.

Anwendungsmöglichkeiten:
Gemeinschaftscollagen, Schachteln umwickeln, Untersetzer, Tastspiele (Kimspiele)

Großmutters Unterrock − Stoff-Kleisterfiguren (siehe Abb. 10)

In welcher Wohnung finden sich nicht alte Lappen und Stoffreste? Warum sollte man diese alle wegwerfen? Ein dünngewordenes Bettlaken, alte Geschirrtücher, sind nicht nur als Putzlappen zu verwenden, die Kinder können damit kreativ gestalten. Mit Tapetenkleister werden Stoffe brettartig gestärkt. Die Kinder können sie in jede Form bringen. Die Kunst des Wäschestärkens kannte man schon im Mittelalter. Stoffe werden durch Stärken schmutzunempfindlicher und verschönt. Kragen wurden gesteift, Hauben in bestimmte Formen gebracht und, je nach Mode, Unterröcke zu abstehenden Glocken verwandelt. Frauen, die die Kunst des Stärkens, Bügelns, Kräuselns und Plissierens beherrschten, waren an Herrschaftshöfen nicht wegzudenken. Man benutzte zum Stärken Agar-Agar, einen aus Ozeanalgen gewonnenen Stoff, „Tragant", die Schleimabsonderung der Pflanze Stragel, Kartoffel- oder Reisstärke. Rohe Stärke verkleistert, trocknet in den Geweben und macht sie fest. Durch Bügeln werden sie glatt.

Für unsere Arbeit mit Kindern ist Tapetenkleister, ein Zellulosepulver, am geeignetsten. Es wird nach Packungsangabe mit Wasser angerührt und muß etwas quellen. Nun beginnt der Kleisterspaß. Die Kinder tränken die Stoffe in Kleister, streifen den Überschuß mit den Händen heraus und formen halbplastische Figuren. Eine Tätigkeit, die das taktile Empfinden fördert und zur Lockerung beiträgt, weil das Tuch leicht formbar ist. Durch die immer wieder auflösbaren Formen, machen die Kinder ständig neue Erfahrungen mit Falten- und Formbildung und erkennen die fließende Linie. Sie können matschen, rollen, falten, schichten, raffen, schlingen, zupfen und drehen, bis sie zu einer Fläche oder Figur gefunden haben, die es in ihren Augen wert ist, aufzubewahren. Getrocknet ist die Figur hart und läßt sich mit Plakafarbe bemalen. Andererseits können die Kinder auch farbige oder vorher eingefärbte Tücher benutzen. In gemeinsamer Aktion können sie Figuren für ein Stabpuppenspiel herstellen, Bilderbuch- und Geschichtsinhalte regen dazu an. Die Kinder entfalten Vorstellungsvermögen und können für Feste Raumdekorationen, Masken und Requisiten mit dieser Technik herstellen. Unbewußt entwickelt sich Kenntnis über halbplastische Figuren. Beim Experimentieren und Herstellen der Figuren in Gemeinschaftsarbeit entwickeln die Kinder Kreativität und Phantasie.

Pädagogische Überlegungen

Alter: ab 6 Jahre   Einzel- und Gruppenarbeit

Ziele:
- Freude am freien Gestalten
- Kreativität durch Erfinden versch. Figuren
- Schulung des Vorstellungsvermögens (Tuch-Formbildung), Umgestaltung einer Fläche in eine Halbplastik (3. Dimension)
- Sensibilisierung der Finger im Umgang mit Kleistertuch (freier Umgang mit einer leicht formbaren Masse – Lösung von Verkrampfungen)

Technische Überlegungen

Material und Werkzeug
- Tapetenkleister, Wasser
- Baumwollstoffe, auch farbig
  z. B. Bettlaken, Windeln, Geschirrtücher, Taschentücher (keine Chemiefaser)
- Plastikunterlagen (Plastiktüten)
- Schere

Ablauf der Technik
- Kleister einrühren, 20 Minuten quellen lassen, umrühren
- Stoff zuschneiden – Stoff mit Kleister tränken
- Kleisterüberschuß mit der Hand abstreichen
- Stoff auf Unterlage legen, formen

Methodische Überlegungen

Experimentierphase

Arbeitsauftrag: Kleistermenge erproben; in Kleister getränktes Tuch matschen, rollen, falten, schichten, raffen, schlingen, zupfen, ziehen, stoßen, schieben, drehen.

Materialerfahrung: Weiche Stoffe gut formbar. Kein Abheben von Unterlage solange der Stoff noch feucht, langes Trocknen.

Gestaltungsphase

Themen   *Arbeitsauftrag:* Betrachtet ein Bilderbuch, benennt die
- Bäume, Blumen   Figuren, gestaltet jeder eine Figur aus der Geschichte.
- Menschen
- Tiere
- Gespenster, Hexen
- Gnome, Zwerge

Anwendungsmöglichkeiten:
Wandbilder, Requisiten z. B. Schleife, Stabpuppen, Raumdekoration

Sand in Farbsauce – Farbsandbilder (siehe Abb. 17)

Im Sand spielen ist für Kinder immer wieder ein Erlebnis. Die Älteren lehnen zwar den Sandkasten ab, weil sie mit ihm das Kuchenförmchenspiel verbinden, aber sehen wir uns am Strand um, dann bauen sie voller Eifer mit Spaten und Schaufel Burgen und Gräben. Sandspiel ist ein Konstruktionsspiel. Wir können den Sand aber auch zum bildnerischen Gestalten verwenden. Die Kinder haben bereits Erfahrungen durch das Spiel mit Klebstofflinien im Sand, die sie jetzt bei den Sandbildern erweitern. Der Blick wird bewußt auf die verschiedenen Sandfärbungen gelenkt. Die Farbe des Seesandes ist schon je nach Küstenstreifen unterschiedlich, von fast weiß, über beige bis grau. Bausand ist häufig gelblich, Gartenerde braun bis schwarz, gemahlene Ziegel ermöglichen rötliche Färbungen. Die Kinder füllen die unterschiedlichen Sandarten in Joghurtbecher. Zum Kleben nehmen sie weißen Holzleim, er bleibt lange feucht und entwickelt Festigkeit. Ein Schuhkartondeckel dient als Gestaltungsfläche. Die Kinder zeichnen mit geschwungenen Linien eine Unterteilung darauf, füllen die erste mit Leim und lassen den Sand aus dem Joghurtbecher darüberrieseln. Welch ein Erfolg, wenn die Fläche den Sand angenommen hat. Nun die nächste Fläche mit einer anderen Farbe, bis alle Felder gefüllt sind und sich voneinander absetzen. Öffnen Sie den Kindern den Blick für weiche Naturtöne. Die ersten Platten werden an einer Wand zu einer Gesamtfläche zusammengesetzt. Unter Glas könnten sie auch eine Tischplatte ergeben oder ein Tablett. Aber die Frage nach intensiverer Farbgebung, nach Blau und Grün bleibt. Mit Batikfarbpulver können Sie milde und trotzdem farbintensive Sandgemische herstellen. Schon mit einem Teelöffel Pulver können drei Joghurtbecher Sand herrlich intensiv leuchten. Sand und Pulver wird gemischt, es kommt etwas heißes Wasser darüber, so daß alles gut durchdrungen wird. Die Kinder erleben den Färbevorgang mit. Mit Geduld warten sie, bis der farbige Sand getrocknet ist. In der Zwischenzeit malen die Kinder ein Bild auf die herausgeschnittene Bodenfläche des Schuhkartons, vielleicht eine Palmeninsel im Meer oder Schiffe im Hafen. In einzelnen Arbeitsgängen streichen sie Flächen ein und überstreuen sie mit dem jeweiligen Farbsand. In der Ferienzeit haben die Kinder Freude, durch diese Technik Landschaftseindrücke oder ihre Wunschlandschaft zu gestalten. Aber auch die Jüngeren können z. B. ihre „Sandmännchen" kleben. Der Umgang mit dem Sand motiviert und sensibilisiert sowohl die Wahrnehmung als auch den Tastsinn.

Pädagogische Überlegungen

Alter: ab 8 Jahre   Einzel- und Gruppenarbeit

Ziele:
- Freude am Umgang mit Materialien aus der Natur
- Förderung der taktilen Wahrnehmung beim Sandfühlen
- Bewußtmachung natürlicher Farbzusammenstellung
- Kennenlernen von Färbemitteln
- Förderung der Vorstellung beim Entwickeln von Formen

Technische Überlegungen

Material und Werkzeug
- Seesand
- Pulverfarben, Batikfarbpulver, geriebene Tafelkreide
- weißer Holzleim
- weißer Karton (Schuhkartondeckel)
- Pinsel

Ablauf der Technik
- Sand mit Farbpulver vermischen
- mit heißem Wasser übergießen
- Farbsand trocknen lassen
- Motiv auf Karton leicht vorzeichnen
- Linien und Flächen schrittweise mit Holzleim bestreichen
- Karton schräg halten und farbigen Sand über den Leim streuen

Methodische Überlegungen

Experimentierphase

Arbeitsauftrag: Probiere verschiedene Farbpulvermischungen; erprobe, wie flüssig der Leim sein darf; propiere verschiedene Farben und Formen.

Materialerfahrung: Wenig Wasser zum Färben des Sandes, Holzleim mit Wasser streichfähig, aber nicht zu dünn anrühren. Farben nicht zu sehr übereinanderrieseln, einzelne Farbflächen gut zwischentrocknen lassen.

Gestaltungsphase

Themen:
- Kinder am Strand
- Palmeninsel
- Kamele in der Wüste
- Zirkus
- Schiffe im Hafen

Arbeitsauftrag: Male eine Figur mit verschiedenen Sandfarben.
Gemeinschaftsaufgabe: Zeichnet großflächig Schiffe, streicht sie gemeinsam mit Leim ein und gestaltet zusammen ein Hafenbild.

Anwendungsmöglichkeiten:
Bilder, Wandfries. Geschenkdosen, Tablettböden, Tischplatten

147

Monotypien

Einführung

Die Monotypie, der „Ein-Druck" ist eine einfache Technik, die sich bis zur sehr komplizierten Mehrplattentechnik steigern läßt. Sie bietet vielfältige Ausdrucksmöglichkeiten. Der Abschnitt „Drucken" enthielt Anregungen zum manuellen Bildstempel- und Formendruck. Der Flachdruck als Monotypie ist eine Zwischenstufe zu den späteren „graphischen Techniken", die alle das Merkmal der Wiederholbarkeit haben, wie Stein-, Metall- und Siebdruck. Die Monotypie ist keine Handzeichnung mehr, bietet aber schon jüngeren Kindern viele Möglichkeiten mit wenig Mitteln technische und gestalterische Erfahrungen zu sammeln. Die Experimentierfreudigkeit wird durch wirkungsvolle Ergebnisse belohnt. Der Anspruch an Konzentration und Ausdauer liegt nicht zu hoch. Die vielfältigen Handgriffe und die leichte Zeichenhaltung bei der Monotypie führen bei den Kindern zur Auflockerung, die gerade bei Schulkindern als Ausgleich zum oft noch verkrampften Schreibvorgang wichtig ist. Experiment und Gestaltung wirken phantasieanregend. Materialbedingt arbeiten mehrere Kinder an einem Tisch miteinander, wodurch Erfahrungsaustausch und soziales Verhalten geübt werden. Auch wenn die Kinder ihren „Ein-Druck" herstellen, sollte der Erwachsene Ideen entwickeln, die entstandenen Bilder zu Gemeinschaftsprojekten zusammenzustellen. Gefertigte Figuren können zu einer Gemeinschafts-Flächenmonotypie werden, aus anderen können Collagen, Poster oder Kalender entstehen. Hier liegt es an Ihnen, wieviel Kreativität Sie einbringen.

Arbeitsmaterial

Malgrund
Zeichenpapier
Tonpapier
Tonpapier farbig
Tapete

Farben
Deckfarbe
Plakafarbe
Japan-Aqua
Bleistift
Kugelschreiber

Werkzeuge
Haar-, Borstenpinsel
Schere
Walze

Experimentiergegenstände
Salz
Fäden
Federn, Blätter
Stöckchen
Pinselstiel

Ergänzendes
Resopalbrett
Wachstuch
Wasserbehälter
Zeitungspapier
Lappen
Malkittel, Schürzen

Spiegelbilder – Faltklatschtechnik (siehe Abb. 13)

Malen und Klecksen, mit wieviel Freude sind die Kinder dabei. Mit Hingabe benutzen sie verschiedenste Farben und oft zuviel. Aus diesem Farbüberschuß entstehen neue Bilder. Es ist die einfachste Art der Monotypie, die schon vom Kindergartenkind ausgeführt werden kann, aber bis zum Erwachsenen durch vielfältige Variationen von Interesse bleibt. Bevor die Kinder beginnen, falten sie das Blatt Papier in der Mitte. Sie klecksen, tupfen und malen mit viel Farbe. Zugeklappt, wird sie mit der Handfläche verstrichen. Die Kinder erkennen, daß sich die Kleckse verdoppelt haben und besondere Strukturen aufweisen. Sie erleben ein Spiel mit Farben und Formen. Ein Klecks ist nicht etwas zu Verbergendes, sondern es weckt Interesse, mit ihm können sie gestalten. Am Mittelbruch bilden sich besonders reizvolle Formen. Durch die Symmetrie entstehen bei genauem Hinsehen vielerlei Phantasiefiguren. Die Kleinen erkennen oft einen Schmetterling. Mit der EFA Super-Color Farbe werden sie besonders leuchtend, deshalb wird auch zum Teil von Schmetterlingstechnik gesprochen. Engen Sie die Kinder aber in ihrer Phantasie nicht ein, denn es entstehen auch Ungeheuer und vielerlei Tiere. Die jüngeren Kinder freuen sich an den entstandenen Bildern. Die farbigen Papiere fordern auch zum Ausschneiden auf, und gemeinsam lassen sich einfache Collagen kleben, z. B. Blüten, ein bunter Hahn oder viele bunte Fische zu einem Gemeinschaftsfisch. Mit Hilfe der Erzieherin/Lehrerin erkennen die Kinder Zufallsergebnisse, die kindliche Entdeckerfreude wird gefördert. Das geübte Auge erkennt in den Strukturen zarte Landschaftsmotive, die zu weiteren Collagen anregen. Mit einem feinen Filzstift verdeutlichen die älteren Kinder ihre Interpretationen für den Betrachter. Unter Ihrer Anleitung können mit dieser Technik phantasievolle Märchenbilder entstehen.

Pädagogische Überlegungen

Alter: ab 3 Jahre   Einzelarbeit

Ziele:
- Möglichkeit, Aggressionen abzubauen durch Auftupfen und Spritzen auf das Papier
- Freude am garantierten Erfolgserlebnis
- Förderung der Phantasie durch Interpretation der Bildergebnisse
- Förderung der Kreativität durch weitere Ausgestaltung
- Förderung des logischen Denkens durch erste Begegnung mit der Symmetrie

Technische Überlegungen

Material und Werkzeug
- glatte, wenig saugende Papiere
- Deckfarben, EFA Super-Color
- Pinsel
- Filzstift, Schere, Klebstoff für die Weiterverarbeitung

Ablauf der Technik
- Papier zur Hälfte falten, öffnen
- Farbtropfen auf eine Seite setzen (auch in die Falte)
- Papier zusammenfalten
- mit Daumen oder Handballen Farbtropfen verstreichen

Methodische Überlegungen

Experimentierphase

Arbeitsauftrag: Probiere, wieviel Wasser die Farbe enthalten darf; tropfe mehrere Farben und verstreiche sie; mache Versuche auf unterschiedlichen Papieren.

Materialerfahrung: Saugfähiges Papier zeigt keine Binnenstruktur; bei wenig Wasser zeigt sich die Verästelung eng und deutlich.

Gestaltungsphase

Themen:
- Fabeltiere
- Schmetterlinge
- Spukgestalten
- Fledermäuse
- Kleinstlandschaften

Arbeitsauftrag: Stelle ein symmetrisches Abklatschbild her und verdeutliche deine Entdeckung (Interpretation) durch Filzstiftlinien.

Anwendungsmöglichkeiten:
Bild, Collagen, Vorsatzpapiere, Briefkarten, Lesezeichen, Buchgestaltungen

151

Schmutziger Tisch – Tischmonotypie (siehe Abb. 28)

Welchem Kind ist es schon erlaubt, auf den Tisch zu malen? Bei dieser Technik ist es möglich. Viele Tische in Kindergarten, Hort und Schule haben glatte, gut abwaschbare Arbeitsflächen. Diese können auch als Farbträger benutzt werden, solange wir mit Deckfarben arbeiten. Auf diese Weise können die Kindergartenkinder schon Erfahrungen mit der Monotypie, dem „Ein-Druck" machen. Die Kinder malen Figuren auf den Tisch, ein gut saugendes Papier nimmt die noch nasse Farbe auf. Es entsteht eine Monotypie. Sie ist immer seitenverkehrt und einmalig. Der Tisch ermöglicht großflächiges Malen mit breiten Pinseln, eine Malform, die der Motorik des Kleinkindes entspricht, aber auch älteren zur Auflockerung angeboten werden sollte. Ebenso fordert er zum Beidhändigmalen heraus. Die so entstandenen Abdrucke können die Kinder anschließend weiter ausgestalten. Die Farbe trocknet schnell, so daß die Kinder nach und nach Farbflächen auf den Tisch malen und abdrucken.

Da dieser Vorgang ein additives Verfahren ist, können Sie hieraus eine Gemeinschaftsarbeit entwickeln. Mehrere Kinder malen großflächig eine Figur von ihrem Platz aus auf den Tisch. Ein großes flächendeckendes Papier darüber und mit den Unterarmen oder einer Malerrolle andrücken; das Gemeinschaftsbild ist fertig. Es entspricht in seiner Anordnung dem Simultan- oder Aufklappbild. Das Kind dreht sein Blatt Papier einfach um, wenn es Kinder oder Häuser um einen Platz malen will. Dies haben die Kinder nun in der Gemeinschaft gemacht. Es wird deutlich, daß die Kinder bei solchen Arbeiten Sozialverhalten und Gemeinschaftssinn entwickeln. Konkurrenzverhalten schließt sich hierbei aus, trotzdem kann jedes Kind individuell seinen eigenen Farb- und Formempfindungen Ausdruck geben.

Pädagogische Überlegungen

Alter: ab 5 Jahre   Einzel- oder Gruppenarbeit

Ziele:
- Freude am Umgang mit der Farbe
- Wahrnehmung der Struktur bei Druckverfahren
- logisches Denken beim Umgang mit Seitenverkehrtheit
- Kreativität bei der Motivwahl
- Lockerung beim Großflächen- und Beidhandmalen

Technische Überlegungen

Material und Werkzeug
- glatte Tischunterlage (Resopal oder Wachstuch)
- Deck- oder Plaka- oder Temperafarben
- Pinsel
- Zeichenpapier oder Makulatur oder Tapete

Ablauf der Technik
- Motiv auf die Tischunterlage malen
- Zeichenpapier auflegen
- Farbe mit Handballen verstreichen
- Blatt anheben

Methodische Überlegungen

Experimentierphase

Arbeitsauftrag: Betrachte, wie sich die Farbe verhält; erprobe die Farbmischung; erprobe verschiedene Papiere.

Materialerfahrung: Nicht zu viele Farbflächen auf einmal malen, sonst trocknen sie zu schnell.

Gestaltungsphase

Themen:
- Fische
- Landschaften
- Blumen
- Bäume
- Häuser, Stadt
- Kinderspielplatz

Arbeitsauftrag: Male einen Baum mit Stamm und einer geschlossenen Krone und drucke ihn ab.
Male eine Grasfläche darunter und drucke sie ab.
Ihr könnt daraus auch ein Gemeinschaftsbild entstehen lassen.

Anwendungsmöglichkeiten:
Bilder, Wandfriese, Großflächen-Gemeinschaftsbilder (Simultanbild)

Brettspiele – Malen in Japan-Aqua

Die Kinder sollen eine neue Farbsubstanz kennenlernen. Bisher haben sie Deck- und Temperafarben zum Drucken benutzt. Jetzt holen wir Japan-Aqua oder Linoldruckfarben, wie sie auch genannt werden, heraus, da wir sie für weiterführende Drucktechniken wie Kordel-, Styrene- und Linoldruck gebrauchen. Der Umgang mit ihr muß erlernt werden, und das können die Kinder am besten beim „Brettspiel". Die Farbe läßt sich nicht mit dem Pinsel aufstreichen, die Kinder drücken sie aus der Tube auf ein Resopalbrett. Mit einer Gummiwalze üben sie, das Brett gleichmäßig einzufärben. Das macht Spaß, fordert aber vollen Einsatz und Übung. Ist die Platte so vorbereitet, zeichnen die Kinder mit dem Pinselstiel oder einem Hölzchen (Wäscheklammer) Linien und Figuren auf das Brett. Weil die Hand dabei schweben muß, arbeiten die Kinder am besten im Stehen. Zum Schluß des „Brettspiels" legen sie ein Papier über die Zeichnung und reiben sie mit dem Handballen ab. Die Farbe überträgt sich in interessanten Unregelmäßigkeiten auf das Papier, und die seitenverkehrte Zeichnung erscheint weiß. Die freihändig gezeichneten Bilder wirken auch bei ungeschickter Linienführung durch den lebhaften Hintegrund. Bei Themen wie Gnome, Hexen, Ungeheuer nehmen auch die Kinder selber keinen Anstoß daran. Sie lernen, daß ihre Zeichnung bei dem Einmaldruck, der Monotypie, nicht korrigierbar ist und entwickeln Sicherheit, zu ihren Zeichnungen zu stehen. Sie haben Freude im Umgang mit der neuen Farbe und können durch ständig wechselnde „Brettspiele" ihre Phantasie entfalten. Durch Themenvorschläge können Sie hierbei immer neue Impulse geben.

Pädagogische Überlegungen

Alter: ab 5 Jahre   Einzelarbeit

Ziele:
- Freude am Erlebnis einer neuen Farbsubstanz
- Lockerung im Arm und Möglichkeit zum Beidhandmalen
- Förderung im Umgang mit neuen Werkzeugen
- Stärkung der eigenen Kritikfähigkeit und Sicherheit durch unkorrigierbaren Einmaldruck
- Phantasieentwicklung beim Zeichnen

Technische Überlegungen

Material und Werkzeug
- Japan-Aqua (Linoldruckfarbe)
- Resopalbrett
- Walze
- Zeichenpapier
- Stöckchen, Pinselstiel, Holzwäscheklammer

Ablauf der Technik
- Farbe auf das Brett geben
- mit Walze gleichmäßig verteilen
- mit Hölzchen in die Farbe zeichnen
- Zeichenblatt auflegen, anreiben
- Blatt abheben

Methodische Überlegungen

Experimentierphase

Arbeitsauftrag: Walze solange auf deinem Resopalbrett, bis die Fläche ganz gleichmäßig ist; erprobe die Wirkung unterschiedlich breiter Linien; Spiele mit Punkten, Linien und Flächen.

Materialerfahrung: Resopalbrett sehr dünn und gleichmäßig einwalzen; im Stehen arbeiten, um Handauflage zu vermeiden.

Gestaltungsphase

Themen:
- Linienspiel
- Märchenfiguren
- Haustiere
- Hühnerhof

Arbeitsauftrag: Male um einen Mittelpunkt mit der Wäscheklammer Schlingenbewegungen und ergänze deine Zeichnung zu einer Blume. Male eine breite Linie und gestalte daraus mit vielen Stachelstrichen einen Igel.

Anwendungsmöglichkeiten:
Bilder, Figurencollagen, Märchenposter

Spiel mit Papierfiguren − Flächenmonotypie

Kinder freuen sich über immer neue Arbeitsimpulse, die Flächenmonotypie ist so einer. Schon in der ersten Kindergartenzeit üben sich die Kinder im Papierreißen und -schneiden, daraus entstehen Figuren. Bei der Flächenmonotypie geht es wieder wie bei den „Brettspielen" um einen gleichmäßigen Farbauftrag auf das Resopalbrett. Die Kinder schaffen es nach und nach immer besser, mit geringem Aufwand diesen Bewegungsablauf zu bewältigen. Diesmal werden keine Linien gezeichnet, sondern gerissene oder geschnittene Papierfiguren auf die Farbe gelegt. Dabei können die Kinder verschiedene Teile auf der Fläche ordnen. Ein Blatt darübergelegt, mit dem Handballen angestrichen, und schon haben die Kinder einen Abdruck. Auf farbigem Papier wirken die freibleibenden Figuren besonders ausdrucksvoll.

Im zweiten Arbeitsgang nehmen die Kinder die Papierflecken vorsichtig vom Resopalbrett. Das Blatt läßt sich zur Freude der Kinder noch einmal abziehen. Die entstandenen Bilder lassen die Figur kräftig in nebligem Hintergrund erscheinen. Die Farbwirkung ist genau umgekehrt zum ersten Abzug. Auge und Hand koordinieren ständig bei unterschiedlichen feinmotorischen Tätigkeiten mit Farbe und Werkzeug. Gesetzmäßigkeiten für Flächenanordnungen werden erfahren, Farbwahrnehmung immer stärker differenziert. Geisterschiffe und Seeräuber eignen sich gut als Thema für die Verschleierungswirkung, ebenso aber auch Fahrzeuge im Nebel. Die Kinder entwickeln ihre eigene Phantasie im Themenbereich. Nach einiger Erfahrung können in dieser Technik auch Gemeinschaftsbilder auf einer größeren Grundplatte entstehen.

Pädagogische Überlegungen

Alter: ab 6 Jahre   Einzel- und Gruppenarbeit

Ziele:
- Freude am Umgang mit der Farbe
- Phantasie und Kreativität beim Figurenschneiden oder -reißen
- Förderung des Vorstellungsvermögens beim Hell-Dunkel-Effekt
- Förderung der Feinmotorik beim Schneiden, Reißen, Drucken
- Koordinationsförderung bei den unterschiedlichen Tätigkeiten

Technische Überlegungen

Material und Werkzeug
- Japan-Aqua (Linoldruckfarbe)
- Resopalbrett
- Walze
- Zeichenpapier, farbiges Tonpapier
- Bleistift, Schere

Ablauf der Technik
- mit Bleistift Figuren aufzeichnen
- ausschneiden oder ausreißen
- Farbe auf das Brett geben, mit Walze gleichmäßig verteilen
- Papierfiguren auf die Farbe legen
- a) Zeichenpapier auflegen, anreiben
-    Zeichenpapier abheben   Ergebnis: Hell-Dunkel
- b) Papierfiguren abheben
-    Zeichenpapier auflegen, anreiben
-    Zeichenpapier abheben   Ergebnis: Dunkel-Hell

Methodische Überlegungen

Experimentierphase

Arbeitsauftrag: Walze so lange auf deinem Resopalbrett, bis die Fläche gleichmäßig ist; erprobe verschiedene Figuren, gerissen und geschnitten, in ihrer Wirkung.

Materialerfahrung: Resopalbrett sehr dünn und gleichmäßig einwalzen. Viel Vorsicht beim Abheben der Papierfiguren, Fingernägel werden im Abdruck sichtbar.

Gestaltungsphase

Themen: *Arbeitsauftrag:* Reiße aus einzelnen Papierteilen ein Pira-
- Piratenschiff   tenschiff, füge es auf der Platte zusammen und drucke.
- Fahrzeuge   Löse das Schiff ab und drucke noch einmal.
- Fische

Anwendungsmöglichkeiten:
Bilder, Bilderbücher, Umschlagbild für Sammelmappen, Gemeinschaftsbilder

Zauberzeichen – Zeichnen auf Japan-Aqua

Mit dieser Technik geben wir den Kindern wieder einmal die Möglichkeit, rein zeichnerisch mit der Linie zu arbeiten. Die Lockerung der Linienführung steht im Vordergrund. Auf ein mit Japan-Aqua gleichmäßig eingewalztes Resopalbrett legen die Kinder ein Blatt Zeichenpapier, auf das sie mit Bleistift oder Kugelschreiber zeichnen. Dabei soll die Hand möglichst frei schweben, was zur Entspannung der Nackenmuskulatur beiträgt. Alle Kinder mögen neue Techniken. Diese hat etwas von Zaubern an sich, wodurch sie besonders motiviert werden. Beim Zeichnen reibt der Handballen natürlich etwas über die Zeichenfläche. Ganz schwebend wie bei den „Brettspielen" muß es nicht sein, denn der Handballen wird seine Wirkung mit einbringen. Die Bleistiftlinie erscheint als intensive Spur in einem leicht abgetönten Hintergrund. Haben die Kinder noch zu viel Farbe auf dem Brett, wird sie durch die Bleistiftlinie zur Seite geschoben, und die Zeichenlinie wirkt wie eine Furche in der Farbe, der Hintergrund bildet dann selbst Farbabdrucke wie beim Klatsch-Patsch-Bild. Wie bei jeder Technik können Sie auch hier Anregungen zur zeichnerischen Gestaltung geben. Die Zirkuswelt, mit Clown, Seiltänzerin oder Artisten läßt den Kindern viel freie Phantasie. Nach dem ersten Abdruck kann ein zweiter folgen. Dieser hat nun helle Linien und wirkt insgesamt weicher in seinen Konturen.

Haben Sie mit den Kindern die zwei vorherigen Techniken erprobt, werden Sie vielleicht selber darauf kommen, sie miteinander zu verbinden. Setzen sie mit einem Pinsel noch Farbe auf die Platte, entstehen sehr ausdrucksvolle Bilder, in denen die Kinder Farb- und Formverständnis miteinander verbinden und die in ihrer Vielseitigkeit die Kreativität der Kinder fördern.

Pädagogische Überlegungen

Alter: ab 8 Jahre   Einzelarbeit

Ziele:
- Lockerung im Spiel mit der Bleistiftlinie
- Wachrufen früher Zeichenerfahrung bei einer neuen Technik
- Förderung des Formempfindens beim Zeichnen
- Wahrnehmungsdifferenzierung bei der Farbintensität
- Phantasieentfaltung beim Verbinden der unterschiedlichen Monotypien

Technische Überlegungen

Material und Werkzeug
- Japan-Aqua (Linoldruckfarbe)
- Resopalbrett
- Walze
- Zeichenpapier
- Bleistift, Kugelschreiber

Ablauf der Technik
- Farbe auf das Brett geben
- mit Walze gleichmäßig verteilen
- Zeichenpapier auf das Brett legen
- mit Bleistift oder Kugelschreiber Figur fest aufzeichnen
- Blatt abheben

Methodische Überlegungen

Experimentierphase

Arbeitsauftrag: Walze so lange auf deinem Resopalbrett, bis die Fläche ganz gleichmäßig ist; erprobe Bleistift oder Kugelschreiber in ihrer Durchdruckwirkung; erfahre, wie der Druck deines Handballens sich auf der Zeichnung auswirkt; erprobe einen zweiten Abdruck von derselben Platte.

Materialerfahrung: Resopalbrett sehr dünn und gleichmäßig einwalzen. Nicht zu viele Reibepunkte vom Ballen entstehen lassen. Bild wird unruhig.

Gestaltungsphase

Themen:
- Zirkusfiguren
- Fischfang
- Spinnennetz
- Vogelkäfig

Arbeitsauftrag: Überlege dir Figuren aus dem Zirkus, male mit Bleistift die Umrisse und verziere die Kleidung mit Mustern. Mache zwei Abdrucke und vergleiche sie.

Anwendungsmöglichkeiten:
Bilder, Gemeinschaftsarbeit Kalender

Strickkunst – Kordelmonotypie

Die „Brettspiele" geben den Kinder die Möglichkeit in Japan-Aqua zu malen. Was als Maltechnik möglich ist, könnte ja auch durch eine fertige Schablone entstehen. Die Kinder suchen ihre Kordel-, Textil- oder Pappdruckstöcke wieder hervor oder gestalten neue, wie bei Kordel- oder Materialdruck beschrieben. Japan-Aqua wird gleichmäßig mit der Walze auf einem Resopalbrett verteilt. Die Kinder drücken ihren Druckstock auf die Platte, rollen mit einer sauberen Walze fest darüber und heben ihn ab. Auf dem Brett wird ein Negativ des Druckstocks sichtbar. Hierüber legen die Kinder ein Zeichenpapier und drücken es mit dem Handballen gut an. Die Wirkung ist verblüffend. Da die Figuren meistens auf eine Pappfläche geklebt sind, drückt sich auch diese unterschiedlich auf dem Brett ab. Die helle Textilkontur liegt in der lebendig gezeichneten Farbfläche. Je mehr Farben nach und nach beim Drucken ineinanderspielen, um so aussagekräftiger werden die Monotypien, die aber immer wieder die Form des Druckstocks zeigen.

Die Kinder sollten diese Monotypie parallel zum Kordeldruck anfertigen. Neben den Materialerfahrungen wird bei dieser Technik logisches Denken gefordert und entfaltet. In die entstehende Farbstruktur können die Kinder vielerlei hineininterpretieren, wodurch ihre Wahrnehmung geschult wird. Durch die Freude am Erfolg werden sie beim Herstellen neuer Druckstöcke zu einem Gemeinschaftsthema kreativ. An den herrlichen Farbkombinationen entwickelt sich ihr Farbsinn.

Pädagogische Überlegungen

Alter: ab 8 Jahre   Einzelarbeit

Ziele:
- Förderung des Vorstellungsvermögens beim indirekten Druckvorgang
- Wahrnehmungsschulung (Erkennen von Feinstrukturen)
- Farb- und Formempfinden
- logisches Denken beim Walzen, Drucken und Farbumgang

Technische Überlegungen

Material und Werkzeug
- Resopalbrett
- Walze
- Zeichenpapier, helles Tonpapier
- Japan-Aqua
- vorgefertigter Druckstock (Kordel, Spitze, Pappe)

Ablauf der Technik
- Japan-Aqua auf Resopalbrett geben
- mit Walze gleichmäßig verteilen
- Druckstock auf Resopalbrett drücken, abheben
- Zeichenblatt auf Resopalbrett legen, anreiben, abheben

Methodische Überlegungen

Experimentierphase

Arbeitsauftrag: Erprobe den Druckstempel auf der Farbplatte; übe den gleichmäßigen Farbauftrag mit der Walze; mache Farbversuche.

Materialerfahrung: Farbe gleichmäßig und dünn auftragen, schmiert sonst. Nach 3–4 Farbschichten Resopalbrett reinigen.

Gestaltungsphase

Themen:
- Spitzenmännchen
- Kriechtiere
- Zauberschloß
- Elefantenparade
- Seiltänzerin

Arbeitsauftrag: Lege deinen Druckstock auf das eingefärbte Resopalbrett und drucke ihn ab.
Gestalte einen Druckstock zum Thema Kriechtiere, drucke ihn ab und gestalte daraus mit anderen Kindern ein Poster.

Anwendungsmöglichkeiten:
Bilder, Gemeinschaftsposter, Deckblatt für Sammelordner und Mappen

Rollenspiele – Walzdruck

Welch ein Spaß, mit den Walzen über den Tisch zu rollen. Die Kinder geben etwas Farbe auf das Resopalbrett und rollen so lange auf dem Brett hin und her, bis die Walze ganz gleichmäßig beschichtet ist. Die Kinder gehen nacheinander an eine Tapetenbahn und rollen so lange, bis die Walze keine Farbe mehr abgibt. Die Walze hinterläßt ihren Umfang in immer heller werdenden Umdrehungen. Das ist eine wichtige geometrische Erfahrung für die Kinder, der Walzenkörper macht seinen Umfang auf einer Fläche sichtbar. Jetzt können die Kinder experimentieren. Auf ein Feld, so groß wie die Walzenumdrehung, legen sie einen Faden, Papierschnipsel oder etwas Salz. Die mit frischer Farbe versehene Walze fährt nun über die Materialien hinweg, sie bleiben alle an ihr haften, auf dem Papier sind weiße Flecken sichtbar. Nun lösen die Kinder sie vorsichtig ab und rollen erneut. Alle Materialien drücken sich dunkel in einer Verschleierung ab. Die Walze ermöglicht 2–3 heller werdende Abdrucke. Es ist ein spannendes Spiel für die Kinder, Salz wirkt wie Schnee, Fingerabdrucke ergeben dunkle Flecken. Die Kinder können in die entstehenden Kleinbilder hineininterpretieren und durch Zeichnungen ergänzen. Sowohl dabei als auch bei dem Spiel mit den Materialien wird die Phantasie angeregt.

Gezielt angewandt, können die Kinder jetzt über ein Laubblatt rollen, nur eine Umdrehung. Die Walze auf ein Papier gesetzt, abrollen, und zur Überraschung der Kinder hinterläßt sie die feinen Aderzeichnungen des Laubblattes. So können die „Rollenspiele" fortgesetzt werden. Mit mehreren Farben übereinander entstehen Farbkombinationen, die jeden faszinieren werden. Diese experimentelle Technik fördert die Wahrnehmung und das logische Denkvermögen der Kinder. Das handwerkliche Training im Umgang mit Walze und Farbe entwickelt sich hierbei spielerisch.

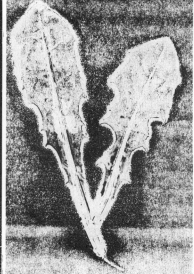

Pädagogische Überlegungen

Alter: ab 8 Jahre   Einzelarbeit

Ziele:
- Vertrautwerden mit der Linoldruckwalze
- Experimentierfreudigkeit mit vielerlei Materialien
- Erkennen von Zusammenhängen zwischen Walze und Schablonen
- Förderung der Raum- und Flächenvorstellungen
- Förderung der Fein- und Grobmotorik (Walzen, Schablonen)

Technische Überlegungen

Material und Werkzeug
- Resopalbrett
- Walze
- Japan-Aqua (Linoldruckfarbe)
- Tapete, Zeichenpapier
- div. Materialien (Fäden, Salz, Federn, Blätter)
- Kordel-, Textil- oder Pappdruckschablonen
- Schere

Ablauf der Technik
- Japan-Aqua auf Resopalbrett geben
- Walze gleichmäßig einrollen
- a) mit Walze über Tapetenbahn rollen
- b) mit Walze einmal über verschiedene Materialien rollen
- Materialien abnehmen
- erneut Walze abrollen

Methodische Überlegungen

Experimentierphase

Arbeitsauftrag: Erprobe den gleichmäßigen Farbauftrag; erprobe die verschiedensten Materialien auf ihre Wirkung; versuche, mehrere Farben übereinanderzurollen.

Materialerfahrung: Farbe sehr dünn auftragen. Schablonen dürfen nicht größer als Walzenumfang sein. Glatter Untergrund, Unebenheiten drücken sich durch.

Gestaltungsphase

Themen: Schablone kann jedem Thema unterstellt werden oder ergibt sich aus den Materialien.

Arbeitsauftrag: Nimm Salz, Faden und gerissene Schnipsel, ordne sie nach der Walzengröße an und rolle sie ab. Du kannst die kleinen Bilder durch Einzeichnungen ergänzen.

Anwendungsmöglichkeiten:
Geschenk- und Briefkarten, Memoryspiele, Bekleben von Geschenkkästchen, Tablettboden

163

Materialübersicht

Am Anfang dieser Materialübersicht soll darauf hingewiesen werden, daß seit 1. Januar 1991 alle Spielzeugprodukte, und dazu gehören Farbstifte und Malfarben für unsere Kinder, mit C E gekennzeichnet sein müssen. C E ist das Europa-Kennzeichen für „Sicheres Spielzeug". Die so ausgezeichneten Materialien entsprechen den Richtlinien der EG-Norm DIN EN 71 bezüglich physikalischer, mechanischer und chemischer Sicherheit. Nicht alle Materialien fallen unter den Begriff „Spielzeug". Der Gesichtspunkt der Umweltfreundlichkeit sollte bei Einkäufen weitgehend berücksichtigt werden. Das betrifft die Farbsubstanzen bezüglich ihrer Lösungs- und Klebemittelgehalte, aber auch den Verpackungsbereich, z. B. Plastik-hülsen bei Faserstiften, Wachsmalstiften u. ä. Langlebige Faserminen sind in ihrer Anschaffung nur scheinbar teurer, die Ausgabe macht sich auf Dauer gesehen bezahlt, und der Plastikabfall wird reduziert. Statt Plastiketuies sollten Papp-, Holz- oder Metallkästen bevorzugt werden. Auch Nachkaufen einzelner Stifte für langlebige Sortierkästen trägt zum Umweltbewußtsein bei. Die Erzieherin/Lehrerin muß bei jeglichem Angebot und der Behandlung von Materialien daran denken, daß ihr umweltbewußtes Vorbildverhalten die ihr anvertrauten Kinder prägt. Nur so kann sich eine junge Generation heranbilden, die nicht nur über Umweltfragen redet, sondern auch entsprechend handelt.

Papiere und Pappen

DIN-Formate
A 0 = Vierfachbogen (84l x 1189 mm)
A 1 = Doppelbogen (594 x 841 mm)
A 2 = Bogen (420 x 594 mm)
A 3 = Halbbogen (297 x 420 mm)
A 4 = Blatt (210 x 297 mm)
A 5 = Halbblatt (148 x 210 mm)
A 6 = Viertelblatt (Postkarte: 105 x 148 mm)
A 7 = Achtelblatt (74 x 105 mm)

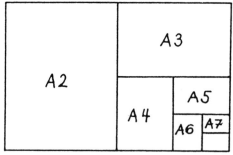

Zeichenpapier: Weiß/elfenbein, glatte bis rauhe Oberfläche, unterschiedlich hoher Holz- und Leimanteil, beste Qualität holzfrei. Papier ist in Einzelbögen, Blöcken und Rollen erhältlich. Die Stärke des Papiers wird in Gramm pro Quadratmeter (g/m^2) angegeben, z. B. Zeichenblöcke 80 g/m^2.
DIN-Formate: siehe oben.

Tonpapier und Karton: Wird auch farbiges Zeichenpapier genannt. Zum Malen und Zeichnen auf farbigem Grund. In unterschiedlichen Stärken und vielen Farben erhältlich. Ab 170 g/m^2 spricht man von Tonkarton, ab 220 g/m^2 von Karton. Es gibt verschiedene Spezialbezeichnungen: Photokarton, Plakatkarton, Brillantkarton, Passepartoutkarton.

Pappe: Ist aus mehreren Lagen hergestelltes Papiermaterial. Holzpappe, Graupappe, Strohpappe. Pappe ist so kräftig, daß die Stärke nach Millimetern unterschieden wird. Sie ist preiswerter als farbiger Karton und wird zum Ausschneiden und Aufkleben von Schablonen benutzt.

Packpapier: Bräunlichgelbes Papier aus dem Verpackungsbereich. Als preiswertes Trägerpapier für großflächige Mal- und Klebearbeiten.

Tapete: Eignet sich für großflächige, fortlaufende Mal- und Klebegestaltung. Im Malerfachhandel preisgünstige Restposten erhältlich.

Buntpapier: Matt oder glänzend, gummiert oder ungummiert in vielerlei Farben. Ein farbbeschichtetes Papier für Reiß-, Schneide- und Klebearbeiten.

Seidenpapier: Dünnes, leichtes, matt durchscheinendes Papier, in weiß und vielen Farben erhältlich. In Verbindung mit Wasser stark färbend.

Architektenpapier: Hochtransparentes Zeichenpapier, bläulichweiß, matt, mit sehr glatter Oberfläche. Wird vorrangig für technische Zeichnungen und Pausen verwendet. In unterschiedlichen Stärken in Bögen, Blöcken und Rollen erhältlich. Für transparente Klebearbeiten und Wachsbügeltechnik.

Farbe

Farbe ist zunächst immer trockenes, feingemahlenes Pulver, sogenannte Farbpigmente. Durch verschiedene Bindemittel werden die einzelnen Farbteile aneinander gebunden. Durch Zusätze bleibt die Leuchtkraft erhalten oder wird sogar verstärkt. Die genauen Rezepte bleiben Geheimnisse der Herstellerfirmen. Je nach Bindemittel spricht man von Wasser-, Öl- oder Wachsfarbe. Die Farbe kann direkt als Masse benutzt werden. Wird sie getrocknet, entstehen z. B. Farbtabletten, die dann erst bei Gebrauch durch Wasserzusatz erneut aufgelöst werden. Wachsgebundene Farbe gibt es als Stifte oder Blöcke. Die Farbe kann aber auch zur Bruchsicherheit in einen Holzmantel eingeschweißt werden, die Buntstifte.

Pulverfarbe: Z. B. EFA-Aquacolor Pulverfarbe. In Tapetenkleister eingerührt entsteht Leimfarbe für Kleisterpapiere. Eine besonders preisgünstige, leicht anzusetzende wasserlösliche Farbe. Je nach Wassermenge kann das Pulver auch als Finger-, Deck- oder Aquarellfarbe benutzt werden.

Fingerfarbe: Z. B. Kinder-Natur-Malfarbe von Pelikan oder EFA-Fingerfarbe MAli, beide mit Lebensmittelfarbstoffen. Pastenhaft, cremig für erste Malversuche von Kleinkindern und Malanfängern.

Deckfarbe: Deckfarbkästen der verschiedensten Firmen gibt es mit 6, 12 oder 24 Farbknöpfen. Auch als Einzelfarbtabletten, als „Puck" und in Kunststoffnäpfen erhältlich. Gut mischbar, schnell trocknend, haftet auf Papier, Pappe, Holz.

Temperafarbe: Eine deckende Wasserfarbe von pastenhafter Konsistenz. Meist in größeren Kunststoffflaschen für Kindergarten- und Schulgebrauch erhältlich, z. B. EFA-Color oder Marabu Tempera, EFA-Super-Color oder Marabu Aquamagic, letztgenannte jeweils mit besonderer Brillanz.

Plakafarbe: Eine Kasein-Emulsionsfarbe von der Firma Pelikan. Pastenhafte Konsistenz, mit Wasser vermalbar und mischbar, haftet problemlos auf nahezu jedem Material.

Japan-Aqua: Ist die wasserlösliche Linoldruckfarbe der Firma Pelikan. Die Firma Marabu bietet dagegen die Aqua-Linoldruckfarbe an. Druckfarben haben eine besonders zähflüssige Konsistenz und gute Deckkraft, bei schneller Trockenzeit. Zur Verteilung sind Walze und Farbplatte nötig.

Tusche: Ist flüssige Pigmentfarbe, lichtecht und wasserfest. Sie ist gut mischbar, transparent und eignet sich zum Zeichnen und Malen mit Pinsel und Feder. Daher auch die Bezeichnung Künstler- oder Zeichentusche.

Holzbeize: Ist ein in Wasser lösbares Pulver. Es wird nach Beutelaufschrift angesetzt, in Schraubgläsern aufbewahrt. Holzbeizen, in Drogerien erhältlich, sind billig. Sie sind zum Einfärben von Holz gedacht, eignen sich aber vorzüglich zum Übermalen von Wachsmalkreiden und bei der Wachsbatik.

Batikfarben: Sind besonders stark färbende Pulverfarben für Textilmaterialien. Sie werden nach Beutelaufschrift angesetzt und je nach Material heiß oder kalt zum Färben benutzt. Sie eignen sich neben Papierbatik hervorragend zum Einfärben von Seesand.

Marmorierfarben: Es sind wasserlösliche, untereinander mischbare Spezialfarben für die Marmoriertechnik. Auf Kleistergrund verdrängen sich die Farbpigmente, bilden sehr feine Muster und gehen mit dem Papier eine besonders gute Verbindung ein.

Farbstifte

Wachsmalkreiden: Es gibt sie in Stift- oder Blockform. Sie sind für großzügiges Malen der Kinder in Linie und Fläche geeignet. Durch ihren Wachsanteil können sie nachträglich mit Wasserfarbe, Holzbeize oder Tusche übermalt werden. Dabei zeigen die Wachskreiden der verschiedenen Firmen unterschiedliche Brillanz. Für alle im Buch angeführten Techniken wurden Wachsmalkreiden der Firma Stockmar verwendet, da sie gute Ergebnisse zeigten.

Buntstifte: Farbminen, die in einen Holzmantel eingeschweißt sind. Buntstifte werden schon von sehr kleinen Kindern für erste Malversuche benutzt. Verschiedene Firmen, wie Faber-Castell, EFA und Lyra haben daher extrastarke Stifte für Kinderhände hergestellt. Die Stifte haben 4,5 mm, 6 mm und 6,25 mm starke Farbminen und sind leicht führbar. Im übrigen werden Buntstifte in vielerlei dekorativ gestalteten Metallkästen zu 6, 8, 12, 16 und 18 Farben für verschiedene Altersstufen angeboten; in besonderen, den Naturprodukten gewidmeten Programmen ohne Mantellackierung.

Aquarell-Farbstifte: Ein besonderer Buntstift ist der Aquarell-Farbstift, den z. B. Faber-Castell, Schwan-Stabilo, Pelikan und Lyra anbieten. Er ermöglicht eine kombinierte Maltechnik zwischen Farbstiftzeichnung und Aquarellmalen. Die gezeichneten Linien und Flächen können die Kinder mit einem Wasserpinsel zu weichen Aquarellbildern verwandeln.

Faserstifte: Sie sind beim Gestalten im bildnerischen Bereich besonderer Kritik ausgesetzt. Durch ihre intensive Leuchtkraft sind sie bei den Kindern jedoch besonders beliebt. Sie eignen sich für feingliedrige Arbeiten, für sogenannte „Erzählbilder". Dickere oder feinere Stifte werden von vielen Firmen lösungsmittelfrei und wasserlöslich angeboten. Faserstifte gibt es als Tinten- oder Deckfarbstifte. Bei Tintenstiften wird ein Löschstift mitgeliefert.

Bleistifte: Bleistifte gibt es in verschiedenen Härtegraden. Durchschnittlicher Härtegrad H B, hart bis 8 H, weich bis 8 B. Mit Bleistift läßt sich auf fast allen Papieren zeichnen, und er läßt sich radieren. Kinder brauchen normalerweise einen mittelweichen Bleistift. Für die Graphitwischtechnik ist ein sehr weicher Bleistift erforderlich, um das Graphitpulver leicht zu verwischen.

Klebstoffe

Kleister: Er kann aus Kartoffel-, Weizen-, Reis- oder Maisstärke hergestellt werden. Tapetenkleister ist ein Methyl-Cellulose-Pulver. Es wird in Wasser angerührt und klebt alle Papiere. Kleister ist wasserlöslich, er dient auch als Marmoriergrund und in Verbindung mit Farbpulver zur Herstellung von Kleisterpapieren.

Alleskleber: Es sind Klebstoffe aus verschiedenen Kautschuksorten. Man kann sie für unterschiedliche Materialien verwenden. Alleskleber trocknet schnell auf, ist wasserfrei und transparent. Es gibt ihn in Tuben und Flaschen oder als Stifte. Er ist für kleinflächiges Arbeiten geeignet.

Weißleim: Er ist zum Kleben von Holz, Kork und Pappe geeignet. Er trocknet langsam, ist aber dauerhaft haltbar. Geleimte Gegenstände müssen zum Abbinden gepreßt werden. Mit Wasser verdünnt eignet er sich gut zur Herstellung von Sandbildern.

Es gibt viele Klebstoff-Fabrikate. Neben Kleister, Alleskleber und Weißleim gibt es Spezialkleber für unterschiedliche Materialien, z. B. Keramik, Styropor, Metall, Folien.

Mal- und Schneidegeräte

Pinsel: Pinsel bestehen aus Tierhaaren oder Kunstfasern. Sie sind als Haar- oder Borstenpinsel im Handel erhältlich. Es gibt sie als Spitz- oder Flachpinsel in vielen Stärken und Qualitäten. Die Einteilung erfolgt nach Nummern von 00–14 ... Gute Pinsel sind teuer und brauchen Pflege: Nie im Wasserglas stehen lassen, gut auswaschen, liegend oder mit Haarspitzen nach oben im Behälter aufbewahren.

Palette: Ist eine Mischfläche für Farben. Farbkastendeckel beim Malen, Resopalbrett zum Auswalzen der Druckfarbe, Plastiknäpfchen und Verschlußkappen zum Anrühren kleiner Farbmengen.

Gummiwalze: Für Druckarbeiten zum Auswalzen und Auftragen von Farbe.

Spritz-Sieb: Ein Metallsieb zum Zerstäuben von Farbe. Es wird mit einer Bürste über das Metallgitter gerieben, Sprüheffekt.

Scheren: Es gibt unterschiedlichste Scheren zum Schneiden verschiedener Materialien. Papierschere (groß), Bastelschere (handlich), Scherenschnittschere (klein, spitz), Stoff- und Zickzackschere, Haushaltsschere. Gute Scheren sind teuer und müssen pfleglich behandelt werden.

Messer: Für einzelne Arbeiten im bildnerischen Bereich nötig: Haushaltsmesser, Pappmesser. Alle Messer sollten gut schneiden, die Verletzungsgefahr ist geringer.

Universalsäge: Eine kleine Bügelsäge zum Zuschneiden von Holzleisten und Korken.

Was man sonst noch braucht:

Wassergefäße
Mallappen
Unterlagen (Zeitungen, Pappen)
Malkittel, Schürzen
Bügeleisen, -brett
Wärmeplatte

Zum Sammeln:

Blätter
Muscheln
Steine, Sand
Federn
Strohhalme
Nußschalen

Kordeln, Wolle, Garne
Stoffe, Spitzen, Bordüren
Felle
Nylonstrümpfe
Korken
Holzstückchen
Sandpapier

Büroklammern
Verschlußkappen
Unterlegscheiben

Kronkorken
Nägel
alter Kamm
Plastikgabel, -löffel
Streichholzschachteln
Schaschlikstäbe
Zahnstocher
Bierdeckel

Styroporabfälle
Eierkarton
Briefumschläge
Seidenpapier (Brot, Blumen)

Joghurtbecher
Konservendosen
Schraubgläser

Fachwörterverzeichnis

Addition	lat.: Hinzufügung
Aktivität	lat.: Tätigkeit
Applikation	Aufnähen und Verzieren von Stoffen
Assoziation	Zusammenwirken zweier Einzelfaktoren für einen gemeinsamen Zweck
Collage	Klebebild aus unterschiedlichen Materialien
destruktiv	lat.: zerstörend, zersetzend
Effekt	Wirkung, Folge
Element	die einfachsten Bestandteile
Experiment	zielfreies Arbeiten, um Zusammenhänge zwischen Ausgangssituation und Ergebnis zu erkennen
Farbwert-addition	eine Farbe durch mehrfachen Auftrag verstärken
Frottage	franz.: reiben, Durchreibetechniken
Gravur	eine beschichtete Fläche wird mit der Nadel eingeritzt und geätzt Stahlstich
haptisch	Tastsinn betreffend
intensiv	lat.: kräftig wirksam, eindringlich
interpretieren	Ergebnisse deuten und verdeutlichen
Kausaldenken	begründendes Denken
Kombination	lat.: Verknüpfung, Zusammenfügung
konstruktiv	lat.: aufbauend
Kontur	franz.: Umriß, Umrißlinie
Koordination	Zuordnung, Beiordnung
kreativ	schöpferisch
Monotypie	Einzeldruck, seitenverkehrt und einmalig herstellbar
Motiv	inhaltlicher Bestandteil eines Kunstwerks
Negativ	Schrift oder Bild erscheint in der Farbe des Papiers, die umgebende Fläche wird bedruckt
Ornament	lat.: Verzieren von Gegenständen ursprünglichster Ausdruck des künstlerischen Gestaltungstriebes
Positiv	feststehend, tatsächlich, Bild oder Schrift erscheinen in Farbe auf dem Papier
Rapport	franz.: regelmäßige Wiederkehr der selben Muster
Relief	franz.: eine plastische Figur, die an eine Fläche gebunden ist
Reservierung	lat.: Zurückhaltung, R.-verfahren: Techniken, bei denen Flächen durch Schutzauftrag bei Färbung ausgespart bleiben
Rhythmus	griech.: fließen, Gliederung, Ordnung, Wechsel von Spannung und Entspannung
Schablone	aus Papier, Pappe, Holz, Metall hergestellte Vorlage zum wiederholten Auftrag eines Musters
Sgraffito	ital.: Malerei aus mehreren Schichten, aus denen die Linien der Darstellung ausgekratzt werden
Struktur	Gefuge, innerer Aufbau, Anordnung
Symmetrie	gleichförmig

Literaturverzeichnis

Ayres, A. J.: Bausteine der kindlichen Entwicklung. Berlin 1984

Bareis, A.: Bildnerisches Gestalten. Praxis im Kindergarten. Donauwörth 1982

Bayrisches Staatsministerium für Unterricht und Kultus (Hrsg.): Der Übergang vom Kindergarten zur Grundschule. Frühpädagogische Förderung in altersgemischten Gruppen. Richtlinien für den Elementarbereich. Donauwörth [5]1975

Beyer, G./Knötzinger, M.: Wahrnehmen und Gestalten. Eine Anleitung zur Kunst- und Werkerziehung für Eltern, Lehrer und Erzieher. München [5]1984

Blümel, K./Gorke, W.: Experimente mit Farben und Formen. Herausforderung zur Kreativität. Stuttgart 1985

Böhm, W.: Bildnerisches Gestalten in Unterrichtsmodellen für Grund- und Hauptschule. Oldenbourg [10]1988

Brandt, P./Thiesen, P.: Umwelt spielend entdecken. Ein Arbeitsbuch für Kindergarten, Hort und Grundschule. Weinheim 1991

Britsch, G.: Theorie der Bildenden Kunst. Ratingen [4]1966

Grözinger, W.: Kinder kritzeln zeichnen malen. Die Frühformen kindlichen Gestaltens. München [2]1961

Hartung, R.: Das Spiel mit den bildnerischen Mitteln Band IV Textiles Werken. Faden und Gewebe. Ravensburg [3]1966

Hetzel, G./Kiefer, J.: Marmorierpapiere. Technik und Gestaltung. Ravensburg 1989

Immisch, H. u. a.: Malen — Hilfe für Erwachsene. Freiburg im Breisgau 1984

Kaiser, U.: Kreatives Sehen und Werken. Vom Material zur Form. Ravensburg 1980

Kampmann, L.: Malerische, Graphische und räumlich-plastische Techniken. Handbuch für den Kunstunterricht. Ravensburg 1977

Keiper, G. L.: Fläche-Farbe-Form. Bildnerisches Gestalten in der 5. und 6. Jahrgangsstufe. München 1976

Klettenheimer, I.: ALS — Handbuch der Gestaltungstechniken. 172 mehrfarbige Beispiele aus der Grundschulpraxis. Frankfurt a. M. [2]1984

Kohnstamm, R.: Praktische Kinderpsychologie. Bern [2]1985

Klöckner, K.: Werken und plastisches Gestalten. Berlin 1961

Mahlke, W./Schwarte, N.: Raum für Kinder. Ein Arbeitsbuch zur Raumgestaltung in Kindergärten. Weinheim [2]1991

May, R.: Der Mut zur Kreativität. Paderborn 1987

Menzer, F. (Hrsg.): Forum Kunstpädagogik. Festschrift für Herbert Klettke. Baltmannsweiler 1985

Merker, H. u. a.: Spielprozesse im Kindergarten. München 1980

Meyer, H.: 150 bildnerische Techniken. Ravensburg [6]1962

Meyer, H.: 150 bildnerische Themen. Ravensburg 1962

Rhein, E.: Die Kunst des manuellen Bilddrucks. Eine Unterweisung in den graphischen Techniken. Ravensburg [2]1958

Röttger, E./Klante, D.: Das Spiel mit den Bildelementen Punkt und Linie. Ravensburg [3]1967

Röttger, E./Klante, D.: Das Spiel mit den bildnerischen Mitteln Band I Werkstoff Papier. Ravensburg [8]1968

Saint-Exupéry, A. de: Der kleine Prinz. München [3]1989

Seels, D./Carozzi, T.: Farbschlachten und Tongetüme. Malen und plastisches Gestalten mit Vorschulkindern. Weinheim 1986

Sévy, P.: Drucken ein künstlerisches Hobby. 33 kreative Möglichkeiten der Drucktechnik. Esslingen 1975

Schwarz, M./Stangel, K.: Bildnerisches Gestalten und Werken mit Vorschulkindern und Schulanfängern. Wien/München 1978

Shannon, F.: Kreatives Werken mit Papier. München 1988

Thiesen, P.: Kreatives Spiel mit Kindern, Jugendlichen und Erwachsenen. München ²1989

Thiesen, P.: Die gezielte Beschäftigung im Kindergarten. Vorbereitung, Durchführung, Auswertung. Freiburg ⁵1991

Thiesen, P.: Arbeitsbuch Spiel. Für die Praxis in Kindergarten, Hort, Heim und Kindergruppe. Köln/München ⁵1991

Thiesen, P.: Konzentrationsspiele für Kindergarten und Hort. Lebendige Förderung ohne Dressur und Streß. Freiburg 1990

Thiesen, P.: Das Montagsbuch. Ein Arbeitsbuch zur Überwindung des „Montagssyndroms" in Kindergarten, Hort und Grundschule. Weinheim 1992

Tritten, G.: Erziehen durch Farbe und Form. Ein methodisches Handbuch für das bildnerische Gestalten und Denken der Elf- bis Sechzehnjährigen. Bern 1981

Vester, F.: Denken, Lernen, Vergessen. München ²1978

Widlöcher, D.: Was eine Kinderzeichnung verrät. Methode und Beispiele psychoanalytischer Deutung. Frankfurt a. M. ¹⁰1989

Winter, K.: Kinderbahnhof Lokomotive. Kunsterfahrung – Kommunikation – Spiel – Ein Modell. Frankfurt a. M. 1982

Yates, J. und H.: Collage. Bibliothek der Gestaltungstechniken. Ravensburg 1981

Zitzlsperger, H.: Ganzheitliches Lernen. Welterschließung über alle Sinne mit Beispielen aus dem Elementarbereich. Weinheim 1989

Abb. 1. *Tuschcollagen*

Abb. 2. *Absprengtechnik*

Abb. 3. *Filzstift-Klebe-Zeichnung*

Abb. 4. *Wachsübermalen*

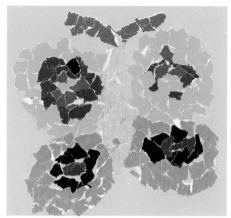

Abb. 5. *Papierreißen*

Abb. 6. *Bemalte Zeitung*

Abb. 7. *Farbpusten*

Abb. 8. *Wachsradieren*

Abb. 9. *Naturcollage*

Abb. 10. *Stoff-Kleisterfiguren*

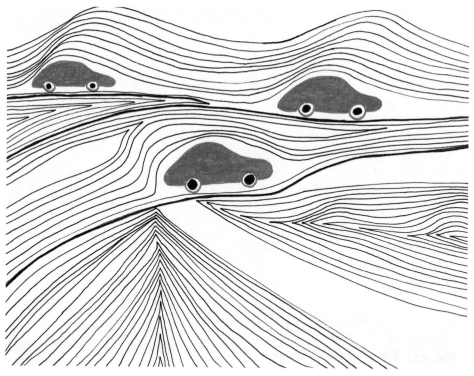

Abb. 11. *Filzstiftlinienspiel*

Abb. 12. *Farbspritzen*

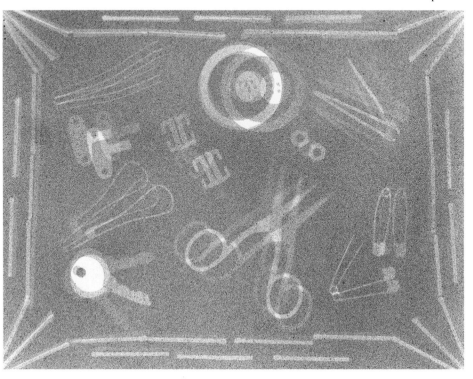

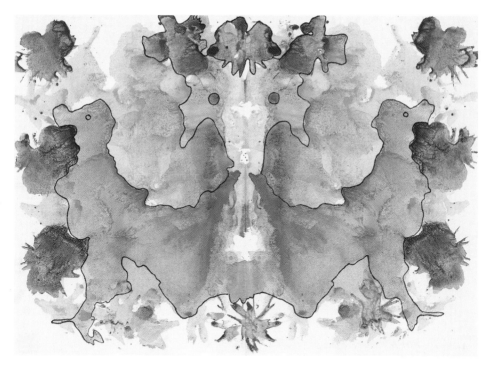

Abb. 13. *Faltklatschtechnik*

Abb. 14. *Fingerdruck*

Abb. 15. *Korkdruck*

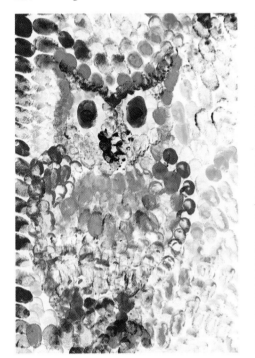

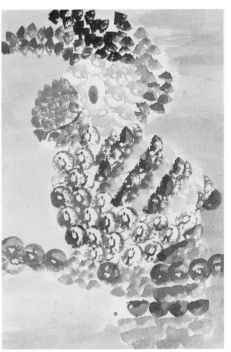

Abb. 16. *Marmorieren*

Abb. 17. *Farbsandbild*

Abb. 18. *Fadenapplikation*

Abb. 19. *Holzstabmalerei*

Abb. 20. *Kleisterpapier*

Abb. 21. *Malen mit Glaskugeln*

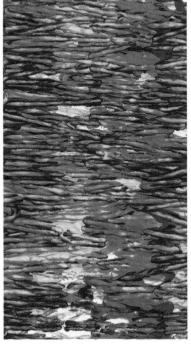

Abb. 22. *Pappdruck*

Abb. 23. *Pinseldruck*

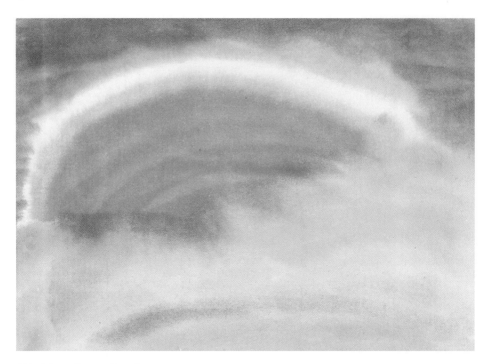

Abb. 24. *Naß-in-Naß-Malerei*

Abb. 25. *Styrenedruck*

Abb. 26. *Eierpappdruck*

Abb. 27. *Blätterdruck*

Abb. 28. *Tischmonotypie*

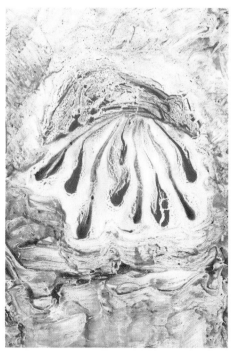

Abb. 29. *Wachsmalen auf Kleistergrund*

Abb. 30. *Schuhcremebatik*

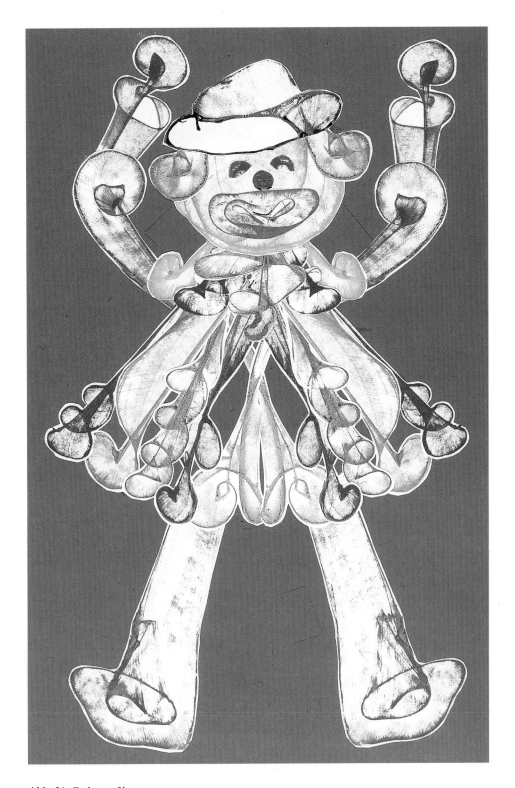

Abb. 31. *Fadengrafik*

Abb. 32. *Bemalte Zeitung*

Abb. 33. *Seidenpapier-Kleisterfiguren*